Spanish 2

María Eugenia Greco

Senior Tutor in Spanish at the University of Sussex

Gabriel Sánchez-Sánchez

Teacher of Spanish at Oakmeeds Community College, Sussex, and formerly Tutor in Spanish at the University of Sussex

Series Editor

Tom Carty

Formerly IWLP Programme Leader at Staffordshire University and the University of Wolverhampton

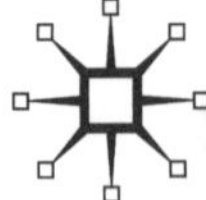

First published 2005 by
PALGRAVE MACMILLAN
Houndmills, Basingstoke, Hampshire RG21 6XS and
175 Fifth Avenue, New York, N.Y. 10010
Companies and representatives throughout the world

PALGRAVE MACMILLAN is the global academic imprint of the Palgrave Macmillan division of St. Martin's Press, LLC and of Palgrave Macmillan Ltd. Macmillan® is a registered trademark in the United States, United Kingdom and other countries. Palgrave is a registered trademark in the European Union and other countries.

ISBN-13: 978–1–4039–4338–5 book
ISBN-10: 1–4039–4338–9 book
ISBN-13: 978–1–4039–4339–2 cassettes
ISBN-10: 1–4039–4339–7 cassettes

This book is printed on paper suitable for recycling and made from fully managed and sustained forest sources.

A catalogue record for this book is available from the British Library.

Audio production: University of Brighton Media Centre
Produced by Brian Hill

Voices: Patricia Acosta, Elena Robles Bernal, María Eugenia Greco, Javier García Sánchez, Gabriel Sánchez-Sánchez

10 9 8 7 6 5 4 3 2
14 13 12 11 10 09 08 07 06

Printed and bound in China

CONTENTS

Acknowledgements

The authors and publisher would like to thank the following for permission to use illustrations:

Helen Bugler pp. 1 (left), 2 (María, Carlos), 4, 5 (centre), 30 (left & centre), 51, 63, 76; Suzannah Burywood p. 35 (top left, bottom); Alice Evans p. 98; Belén Fernández pp. 33, 66, 69, 80, 104 (centre & foot), 105; Tim Fox pp. 5 (right), 26, 35 (top right), 39 (left), 59/60, 70, 82, 95/96, 124; Gazette Newspapers p. 30 (right); María Greco pp. 1 (right), 2 (Alfredo), 5 (left), 99, 111, 126; Robert Manchester p. 104 (top); Jim Papworth p. 31; Gabriel Sánchez-Sánchez pp. 11/12, 19, 88; Topham Picturepoint pp. 25, 128; Turespaña pp. 39 (right), 93, 114, 130; Caterina Varchetta pp. 109/10.

Mainly for the tutor

Foundations Spanish 2 is a course for post-beginners aimed principally at students taking a language option or similar module on an Institution-Wide Languages Programme (IWLP). It corresponds to level B1+ of the *Marco de referencia europeo, Niveles comunes de referencia* with some elements at level B2. It follows on from the highly successful *Foundations Spanish* 1 but can equally well be used following other first-year courses. The authors have ensured a smooth transition from Level 1 in the first two units and the revision material there does not presuppose any familiarity with the specific content of the first book. One of our authors is from Argentina, the other from Spain, and the book and its accompanying audio reflect the wide use of Spanish today and the diverse interests of the student community.

The Foundations Languages series is specifically designed for IWLPs and similar provision. The authors are experienced tutors on such courses and the books themselves are informed by market research, consultation and feedback. To find out more about the series visit the dedicated website via www.palgrave.com/modernlanguages

Structure

The course is designed to fit the typical university teaching year and assumes two or three hours of class contact per week. There are ten units, the first nine structured in the same way. Unit 10 is a revision unit and has a slightly different structure. Extension work and a private study strand provide flexibility.

Element	Pages	Function	Skills*
Core	6	Introduces, practises new material	LSRW
Gramática	2	One page exposition, one page exercises	
¡Extra!	1	Extension work (e.g. longer dialogues, more demanding reading)	LR
Vocabulario	1	Spanish–English, listed by exercise	
Práctica en parejas	2	Consolidation	S
Más práctica	2	Consolidation, private study	LSRW

*Skills: L = Listening, S = Speaking, R = Reading, W = Writing
For more details on the structure of the book, see the 'Mainly for the student' section.

Pedagogical design

The introduction of new material is always carefully prepared. Typically, it builds upon a listening item, most often combined with reading-based exercises on the text of the dialogue, sometimes with questions, wordsearch or matching exercises. Once the input is introduced, follow-up exercises apply and develop it.

To facilitate the use of Spanish in the classroom, the exercises in the unit cores are sequentially numbered and marked with an icon indicating the linguistic activity or activities involved. See list below.

Recorded material

There are two cassettes to accompany the course. The purchase price includes a site licence which allows free duplication within institutions (some conditions apply). You should fill in the registration form which is included with Cassette 1 to obtain your licence paperwork. The audio is also available in digital format to institutions and digital licences are available. Contact the publishers Palgrave Macmillan at the address given on the cassettes for more information.

The first three sides of the cassettes cover Units 1–10 proper. The **Más práctica** section is all on Side 2b. It might be that this is the only part of the audio which you need to make freely available to students.

Mainly for the student

What follows is a guide to the textbook. Take time to read it so you get maximum benefit from your course.

Structure

There are ten units. Apart from Unit 10, a revision unit, these have the same clear, consistent structure that you will soon get used to. Each unit is focused on topics or situations in which the language is used. The **short summary/heading** tells you what the topics are and describes what you will be able to *do* with the language once you have completed the unit. *Do* a key word: while language-learning requires and develops knowledge and understanding, it above all means developing the capability of using the language.

Core

The half a dozen pages that follow are the **core** of the unit. The core contains the *input* (new language) and various tasks designed to help you master it and make it your own. There are boxes highlighting and explaining grammatical points as they occur. Answers to the various tasks and exercises set can be found on pages 175–91. The following icons indicate which skills you will be practising and what type of exercise it is:

 **Escuchar** (listening)

 **Leer** (reading)

 **Hablar** (speaking)

 **Buscar** (wordsearch)

 **Escribir** (writing)

Trabajo en parejas (pair-work)

 **Trabajo en grupos** (group-work)

¡Extra!

As the heading implies, this material is a bit more challenging. In particular it gives you the opportunity to develop further your understanding of Spanish, taking listening and reading skills beyond the confines of the core input material while staying on related topics.

Gramática & Vocabulario

Two pages are then devoted to the grammatical **structures** you have encountered in the unit. The first gives you a clear overview of the grammar; the second provides a set of short exercises so you can test yourself (answers at the back of the book). Don't skip these pages: they simply clarify and check off grammatical structures you have met with and used in the course of the unit. This is how you become aware of the Spanish language as a system. The **vocabulary** page gives the new words occurring in the unit core, exercise by exercise. Learn and revise them.

Práctica en parejas

Each unit also has two **pairwork** pages giving prompts for each partner in a structured dialogue. This material can be used in or out of the classroom to develop communication skills. The scenarios are always based on the material in the unit core, so you are securely in a known context. The challenge is to use the language you have learnt to communicate information your partner needs and to respond to what he or she says.

Más práctica

The supplementary exercises beginning on page 123 give further practice on a unit-by-unit basis and are designed to be used in private study. Answers are given at the back of the book. Work outside the classroom, both that set by the tutor and that done on your own initiative, is an essential part of a taught language course.

Reference

As well as the answers to exercises, there is an overall **grammar summary**, supported by a **guide to grammatical terms**. There is also an **alphabetical vocabulary list** or **glossary**.

Getting the most out of the course

The key inputs (usually dialogues) are carefully designed to introduce new vocabulary and/or structures. It is absolutely vital to spend time and effort on this material. Be guided by your tutor. He or she will introduce it in class or ask you to prepare it in advance. If there's a word or phrase you're unsure of, turn to the **vocabulario** page for the unit or the end of book Vocabulario. Use the recorded dialogues for listening *and* pronunciation practice.

Developing listening and reading skills

When we listen to a complicated train announcement we put a different stress on detail compared to when a radio disc jockey is babbling away in the background as we do the ironing. Similarly there are many other ways of going about reading, depending on your purpose – quickly scanning a magazine article in search of specific information is quite different from trying to read a news story from beginning to end. You will need to develop different listening and reading skills for different types of audio and written input.

When working your way into new audio material it is a good idea to begin by covering up the script and listening to the whole piece a couple of times. Above all, don't try to work through it word by word. Remember you're not an interpreter: relax and focus on what you do understand, instead of fretting about what you don't. Once you've got an overall idea of what's going on, the next step will usually be to listen to shorter sections of the piece, which enables you to do some more concentrated listening. There might be a section you listen to a few times, but remind yourself again that you're not interpreting or translating. Sometimes you will have to leave something and come back to it later.

You will now be ready to do more detailed work on the material. After listening without reference to the script, this next phase will involve turning to the book. By this stage you will probably be clear as to the content of the piece but there may be the odd word or phrase you're unsure of. Turn to the **Vocabulario** page and check. Similarly, if a grammatical point really puzzles you, refer to the unit **Gramática** pages. Thoroughness will pay off.

When facing new reading input, just as for developing listening skills, you should read through a passage a couple of times to get the sense of it, before you spend time working on the detail.

A language learning programme is essentially workshop-based rather than lecture-based. It involves active classroom sessions and a variety of social interactions, including working with a partner, small-group activity and role-play, as well as answering questions, and working through exercises. Feeding into the classroom sessions and flowing from them is what is called directed study, set by your tutor but allowing you a lot of flexibility in organising your work in ways that suit you. Beyond that there is private study, where you determine the priorities.

Increasing attention is now paid to **transferable skills**, that is skills which are acquired in one context but which can be used in others. Apart from competence in the language itself, successful language learning is also recognised to be rich in skills particularly valued by employers such as communication skills and self-management.

How can you make sure you get maximum benefit from your language course?

1. A practical point first. Check the course or module guide and/or **syllabus** to see exactly what is required of you by your university or college. In particular, find out how the course or module is assessed. The course guide and assessment information will probably be expressed in terms of the four language skills of listening, speaking, reading and writing. The relative importance of these skills can vary between institutions.
2. Remember this is a taught course – you're not on your own. **Your tutor** is there to guide you. Using the material in the book, he or she will introduce new structures, ensure you practise them in class and then enable you to produce similar language until you develop the capacity to work autonomously. The first rule of a taught language course, then, is to follow your guide.
3. Of course a guide can't go there for you. While your tutor will show you the way, **only you can do the learning**. This means hard work both in the classroom and outside the timetabled hours.
4. **Regular attendance** at the language class is vital. This isn't like a lecture-based course, where you can miss one session and then catch up from a friend's notes or even live with the fact that there is going to be a gap in your knowledge. A language class is a workshop. You do things. Or to put it more formally, you take part in structured activities designed to develop your linguistic competence.
5. But mere attendance isn't enough. Being there isn't the same thing as learning. You have to **participate**. This means being an active member of the class, listening carefully, working through the exercises, answering questions, taking part in dialogues, contributing to group work, taking the risk of speaking without the certainty of being right. It also means preparing before classes and following up afterwards…

6. … because what you do **outside the classroom** is vital, too. While new topics will normally be introduced in class, your tutor will also set tasks which feed in to what you will be doing in the next session. If you don't do the preparation, you can't benefit from the classroom activity or the tutor will have to spend valuable time going over the preparation in class for the benefit of those who haven't done it in advance. Classroom contact time is precious, normally no more than two or three hours a week, and it's essential to use that time to the best effect. Similarly, the tutor will sometimes ask you to follow up work done in class with tasks designed to consolidate or develop what you have done.

7. You should also take time to **review** and reflect on what you have been doing, regularly going over what you have done in class, checking your learning. This will also enable you to decide your priorities for private study, working on areas you find difficult or which are particular priorities for you (see point 9 below).

8. This assumes that you are **organised**: keep a file or notebook, in which you jot down what you have done and what you plan to do. It's a good idea to work for several shortish bursts a week than for a long time once a week.

9. While a lot of out-of-class work will be done at home, your university or college will probably have a Learning Centre, **Language Centre** or similar facility in the library. Check this out and use whatever you can to reinforce and supplement what you are doing in class and from this textbook. Make sure any material you use is suitable for your level: it will probably be classified or labelled using categories such as *Beginners*, *Intermediate* and *Advanced*.

   Possible resources: audio cassettes or CDs, videos, satellite TV, computer-based material, the internet, books (language courses, grammar guides, dictionaries, simple readers), magazines and newspapers, worksheets. Possible activities: listening comprehension, pronunciation practice, reading comprehension, grammar exercises, vocabulary exercises. Computer-based materials and worksheets will usually have keys with answers.

   It is possible your tutor will set specific work to be done in the Language Centre or that you will be expected to spend a certain amount of time there, otherwise you should find times during your week when you can drop in. The course assessment schedule may include a **portfolio** for which you choose course work items according to guidelines set by the tutor/course.

10. Don't be afraid of **grammar**. This is simply the term for how we describe the way a language works. Learn it and revise it as you go along. There are boxes with grammar points throughout each of the units in this book, a grammar summary for each unit and a grammar overview for the whole book. You probably feel hesitant about grammatical terms such as *direct object* or *definite article* but they are useful labels and easily learned. There is a guide to such terms towards the end of the book.

11. In addition to listening-based work in class, you should regularly work in your own time on the accompanying audio material. Try to reproduce the **pronunciation and intonation** of the native speakers on the recording. It's easier if you work at this from the start and establish good habits than if you approximate to the sounds of the language and have to correct them later. It's important that you repeat and speak out loud rather than in your head. Why not work with a friend?

12. Always bear in mind that, in learning a foreign language, you can normally understand (listening and reading) more than you can express (speaking and writing). Above all, relax when listening or reading, remember **you don't have to be sure of every word** to get the message and you don't need to translate into your native language.

13. Regular **practice** is the key. Remember *fluency* comes from the Latin for 'to flow': it means speaking 'flowingly', not necessarily getting everything perfectly right. It is also a good idea to dip back into earlier units in the book to test yourself.

14. Universities and colleges are increasingly international and you will almost certainly be able to make contact with **native speakers** of Spanish. Try out your language, get them to correct your pronunciation, find out about their country and culture.

15. And finally, **enjoy** your language learning!

Tom Carty, *Series Editor*

1 De regreso

In this unit you will revise how to talk about yourself and find out about other people. You will also practise talking about things that have occurred recently and things that you are doing at present.

1 Encantados de conocerte

a Escucha y lee.

Buenos días. Me llamo Juan José Trujillo. Tengo 22 años y soy de Cali, al suroeste de Colombia. Estudio matemáticas en la universidad. Tengo un hermano de 18 años. Se llama Alejandro y trabaja en un taller mecánico como aprendiz. Me gustan mucho los deportes y este verano he trabajado como voluntario en un club de fútbol infantil. ¡Ha sido muy interesante y agotador!

¡Hola! Soy Clara López Vega y soy de Madrid. Tengo 22 años y estoy terminando la carrera de Psicología en la universidad. Vivo con mis padres y soy hija única. Me encanta salir con mis amigos y este verano hemos ido de vacaciones a Mallorca. Lo hemos pasado fenomenal en las playas y en las discotecas.

b Ahora preséntate a tus nuevos compañeros de clase.

gramática

Soy estudiante.	I'm a student.	**Tengo 25 años.**	I'm 25.
Soy de...	I'm from...	**Hemos ido a...**	We have been to...
Vivo	I live	**Se llama...**	His/her name is...
Estoy terminando	I'm finishing	**Tiene 18 años.**	He/She is 18.
He trabajado	I have worked	**Lo hemos pasado fenomenal.**	We had a great time.
Me gusta el fútbol.	I like football.		
Me encanta salir.	I love going out.		

2 Quién es quién

a Escucha el diálogo e intercambia información personal con tu compañero/a.

b Presenta a tu compañero/a al resto de la clase.
Por ejemplo: *Se llama Hannah y es de Newcastle…*

¿Cómo te llamas?
¿De dónde eres?
¿A qué te dedicas?

3 Los tres amigos

Escucha y anota la información correspondiente a cada persona.

Carlos

Alfredo

	María	Carlos	Alfredo
Nacionalidad			
Estudios			
Gustos			
Planes			

gramática

Formation of past participle: regular patterns

hablar – hablado **comer – comido** **vivir – vivido**

Participios irregulares de uso común:

decir – dicho
hacer – hecho
ver – visto
poner – puesto
escribir – escrito
volver – vuelto

4 Las vacaciones de Patricia

a Escucha atentamente y corrige los errores.

i He viajado a Acapulco.
ii He tomado el sol un día.
iii He bebido tequila.
iv He comido muchísimos tacos.
v Mi familia y yo hemos visitado las tiendas locales.
vi He nadado en la piscina.
vii ¡Mis amigos y yo hemos visto un espectáculo de mariachis!

b Ahora cuenta la historia de Patricia a tu compañero/a.

Por ejemplo: *Patricia ha viajado a…*

c Y para terminar, cuenta a tu compañero/a algo sobre tus vacaciones.

Por ejemplo: *He ido a… con… y hemos bailado/paseado, etc.*
He estado en casa… He trabajado en el jardín… He pintado las ventanas…

gramática

Perfecto / Perfect tense: **viajar**

He viajado	I have travelled	**Hemos viajado**	We have travelled
Has viajado	You have travelled	**Habéis viajado**	You have travelled (plural)
Ha viajado	He/She has travelled	**Han viajado**	They have travelled

5 El diario de Candela

a Lee atentamente.

Lunes, 5 de diciembre.

Querido diario:

Hoy me he levantado con retraso y no he tenido tiempo de tomar el desayuno. He salido de casa a toda prisa, pero de todas formas he perdido el autobús, de modo que he llegado tarde a mi primera clase en la universidad. Pero afortunadamente, mis alumnos han llegado más tarde que yo. He trabajado hasta las seis de la tarde y luego he vuelto a casa a pie. En el camino he visto a Rodrigo y hemos entrado al bar a tomar un café. Nos hemos reído mucho y me ha invitado al cine el sábado. Hasta ahí, un buen día. Pero por la noche me ha llamado mi madre para decirme que el sábado llega con los abuelos a pasar el fin de semana a mi casa y quiere invitar a la tía Felicitas a cenar aquí por la noche. Una cena familiar. ¿Qué hago? ¿Qué le digo a Rodrigo? ¡Es el chico más guapo del mundo y he esperado su invitación durante tanto tiempo! ¡El día no ha terminado bien!

b Escribe cinco cosas que Candela ha hecho.

Por ejemplo: Candela se ha levantado con retraso.

gramática

Los reflexivos

me he levantado	se ha levantado	os habéis levantado
te has levantado	nos hemos levantado	se han levantado

Note the position of the *reflexive pronoun* in the perfect tense.

c Cuenta a tu compañero/a qué has hecho hoy. Puedes usar verbos reflexivos como los de la caja.

levantarse ducharse lavarse peinarse afeitarse vestirse

6 La vida de una estrella

Escucha la entrevista a la cantante Mariana Salazar y contesta a estas preguntas.

a ¿Cómo ha titulado su disco?
b ¿A quién ha dedicado su último disco?
c ¿Cuándo ha vuelto Mariana Salazar de Méjico?
d ¿Cuántas copias ha vendido hasta el momento?
e ¿Ha escrito ella todas las canciones?
f ¿Por qué ha influido su padre decisivamente en su carrera?

7 ¡Qué curioso eres!

a Relaciona estas dos columnas para hacer preguntas. Recuerda que algunas son intercambiables.

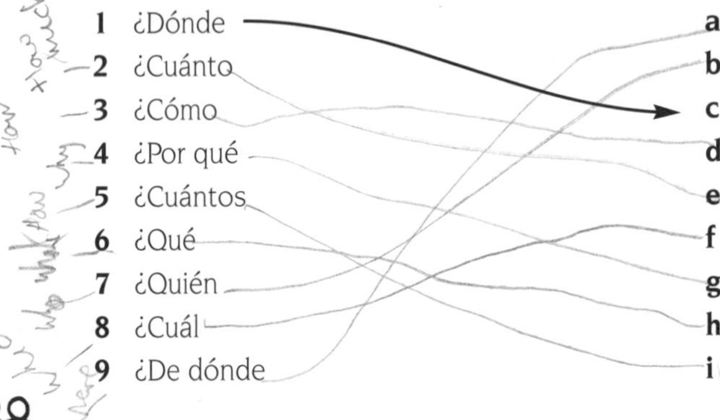

1	¿Dónde	a	eres?
2	¿Cuánto	b	es tu amor imposible?
3	¿Cómo	c	has comprado esos pantalones?
4	¿Por qué	d	has venido a clase hoy?
5	¿Cuántos	e	cuesta el periódico del domingo?
6	¿Qué	f	de tus cursos es el más difícil?
7	¿Quién	g	llegas siempre tarde a clase?
8	¿Cuál	h	te gusta tomar para desayunar?
9	¿De dónde	i	años tienes?

b Ahora formula estas preguntas a tus compañeros/as de clase.

8 ¿Sabes hacerlo al revés?

Escribe las preguntas para las siguientes respuestas.

Por ejemplo: 20 años ¿Cuántos años tienes?

a En Argentina.
b No, ya he comido.
c Me gustan las uvas.
d Estoy viendo la televisión.
e Es mi amiga Carla.
f De Caracas.
g Muy bien, gracias.
h 30 euros.
i Porque quiero viajar a Latinoamérica.

9 Una postal para Ana

Lee la postal y escribe los verbos en la forma y tiempo verbal correctos.

Querida Ana:

a ______ en la casa de mi tía en Sevilla. Lo **b** ______ muy bien. Mi tía **c** ______ una piscina y mis primos y yo **d** ______ allí todos los días. Por las noches **e** ______ juntos a los bares y también **f** ______ a las discotecas. Ya **g** ______ muchos objetos de artesanía en los mercados y **h** ______ casi todo mi dinero. ¡**i** ______ un regalo para ti! **j** ______ cuando vuelva.

Un abrazo,
Rodolfo

sello

estar comprar tener verse salir bañarse ir gastar pasar(lo)

10 Vacaciones ideales

a Imagina que has estado de vacaciones en uno o más de estos lugares. Escribe lo que has hecho durante tu visita. (Máximo 70 palabras)

Por ejemplo: **Este año he visitado Barcelona. He estado en...**

b Lee lo que has escrito a la clase. Tus compañeros/as te harán preguntas para tener más detalles.

11 España: Medina del Campo, Valladolid

a Lee este texto sobre la comarca de Medina del Campo, en la provincia española de Valladolid.

> La comarca de Medina del Campo es muy famosa gracias a sus variados y exquisitos vinos blancos. Allí están los famosos viñedos de Rueda, Serrada y La Seca, que son los núcleos más interesantes de esta área.
>
> El clima es seco y, por lo tanto, ideal para el cultivo vitivinícola.
>
> Pero en Medina también hay una importante industria del mueble, que está localizada en las ciudades, aunque también hay fábricas de muebles en las afueras.
>
> Los monumentos históricos son otro atractivo turístico de esta región. Hay iglesias, ermitas y monasterios. El Castillo de la Mota está en el centro de Medina del Campo.
>
> En esta región no hay grandes hoteles internacionales; en cambio, los turistas encuentran fincas y hoteles familiares donde reciben la hospitalidad característica de la zona y pueden disfrutar de la cocina regional, preparada con los ingredientes y métodos tradicionales, con el sabor de las cosas caseras.
>
> Un lugar tranquilo, interesante y aún no descubierto por el turismo masivo. ¿Qué más se puede pedir?

b Con tu compañero/a, haz una lista de todo lo que ofrece Medina del Campo y completa el cuadro.

Lugares de interés	
Industria	
Hostelería	
Gastronomía	

c Escribe un párrafo breve explicando, en tu opinión, las características ideales de un lugar turístico. Por ejemplo: *En mi opinión, un lugar turístico debe tener ...*

12 Argentina: La pampa

Lee este texto sobre la pampa argentina y rellena los espacios en blanco con **es**, **está** o **hay**.

La pampa **a** ______ una de las regiones agrícolas más fértiles del mundo. **b** ______ en Argentina y **c** ______ famosa por su clima templado. **d** ______ el centro de la producción ganadera, especialmente en el área llamada la pampa húmeda, que **e** ______ entre el Río de la Plata y la cordillera de los Andes. En la pampa **f** ______ varias ciudades importantes como Buenos Aires y Rosario y también **g** ______ playas a lo largo de su costa atlántica. **h** ______, indudablemente, una de las zonas turísticas más atractivas de Argentina.

¡Extra!

13 Nuevos amigos

Escucha la conversación entre estas dos personas y completa el cuadro.

Nombre	Nacionalidad	Edad	Planes futuros	Horario	Actividades
Rosa					
Fernando					

14 Una ciudad con magia

Lee y contesta a las preguntas.

Ronda

Situada en el corazón de Andalucía, Ronda es una ciudad entre la realidad y la leyenda. Antiguamente aislada, ciudad de toreros y bandoleros, Ronda es hoy una activa cabecera regional de especial atracción para el turista que busca algo diferente más allá de las costas.

El río Guadalevín divide a la ciudad en dos: su cauce ha creado una garganta llamada Tajo de Ronda, de cien metros de profundidad, que es una de las señas de identidad de Ronda. A un lado queda la Ronda nueva, ancha y alegre, con su Plaza de Toros y el Museo Taurino; al otro, la Ronda antigua, con palacios, iglesias y monumentos, donde se mezclan el estilo árabe con el gótico y el renacentista.

El calendario local está lleno de ocasiones para la visita como la Semana Santa, la Fiesta de la Reconquista en mayo, la Romería de Nuestra Señora de la Cabeza en junio y las Fiestas de Pedro Romero en septiembre, con un festival flamenco y corridas de toros.

Artesanía

Ronda es uno de los centros regionales más importantes en las actividades artesanales relacionadas con la fabricación de muebles, los trabajos en hierro y la fabricación de calzado.

a ¿Dónde está Ronda?

b ¿Qué características tiene la ciudad?

c ¿Qué tipo de turista va a Ronda?

d ¿Hay playa en Ronda?

e ¿Cómo se relaciona Ronda con el toreo?

f ¿Por qué es interesante la arquitectura de Ronda?

g ¿En qué períodos del año hay celebraciones tradicionales?

h ¿Qué actividades artesanales se realizan en Ronda?

Gramática

- **Questions**

A reminder: questions are represented by two question marks – one at the beginning of the sentence (**¿**) and another one at the end (**?**).

Por ejemplo: **¿Cómo te llamas?**

Question words:

¿Dónde?	Where?	**¿Cuánto?**	How much?	**¿Cómo?**	How?
¿Por qué?	Why?	**¿Qué?**	What?	**¿Cuándo?**	When?
¿Para qué?	What for?	**¿Cuál?**	Which one?	**¿Quién?**	Who?
¿Cuántos?	How many?	**¿Cuáles?**	Which ones?	**¿Quiénes?**	Who? (plural)

- **Perfecto** / Perfect tense

hablar – hablado   comer – comido   vivir – vivido

(Yo) He dicho la verdad.	I have told the truth.
(Tú) Has hecho los deberes.	You have done your homework.
(Él/Ella) Ha escrito un libro.	He/She has written a book.
(Nosotros) Hemos visto una película.	We have seen a film.
(Vosotros) Habéis roto el espejo.	You have broken the mirror.
(Ellos) Han vuelto de Colombia.	They have come back from Colombia.

- ***Ser* and *Estar* (to be)**

Remember some of the different uses of these verbs:

– **ser** + adjective: Description of basic features and unchangeable characteristics.

Por ejemplo:	**La pera es verde.**	The pear is green.
	Él es aburrido.	He is boring.
	Isabel es guapa.	Isabel is beautiful.

– **ser** + noun or pronoun: Description of identity, existence and/or status.

Por ejemplo:	**Juan José es de Cali.**	Juan José is from Cali.
	¡Soy yo!	It's me!
	Hoy es viernes.	Today is Friday.

– **estar** + adjective: Denotes changeable states.

Por ejemplo:	**La pera está verde.**	The pear is unripe.
	El está aburrido.	He is bored.
	Isabel está guapa.	Isabel looks beautiful.

– **estar** also denotes location and/or presence.

Por ejemplo:	**Juan José está en Cuba.**	Juan José is in Cuba.
	¡Estoy aquí!	I'm here!
	La Pampa está en Argentina.	La Pampa is in Argentina.

Ejercicios de gramática

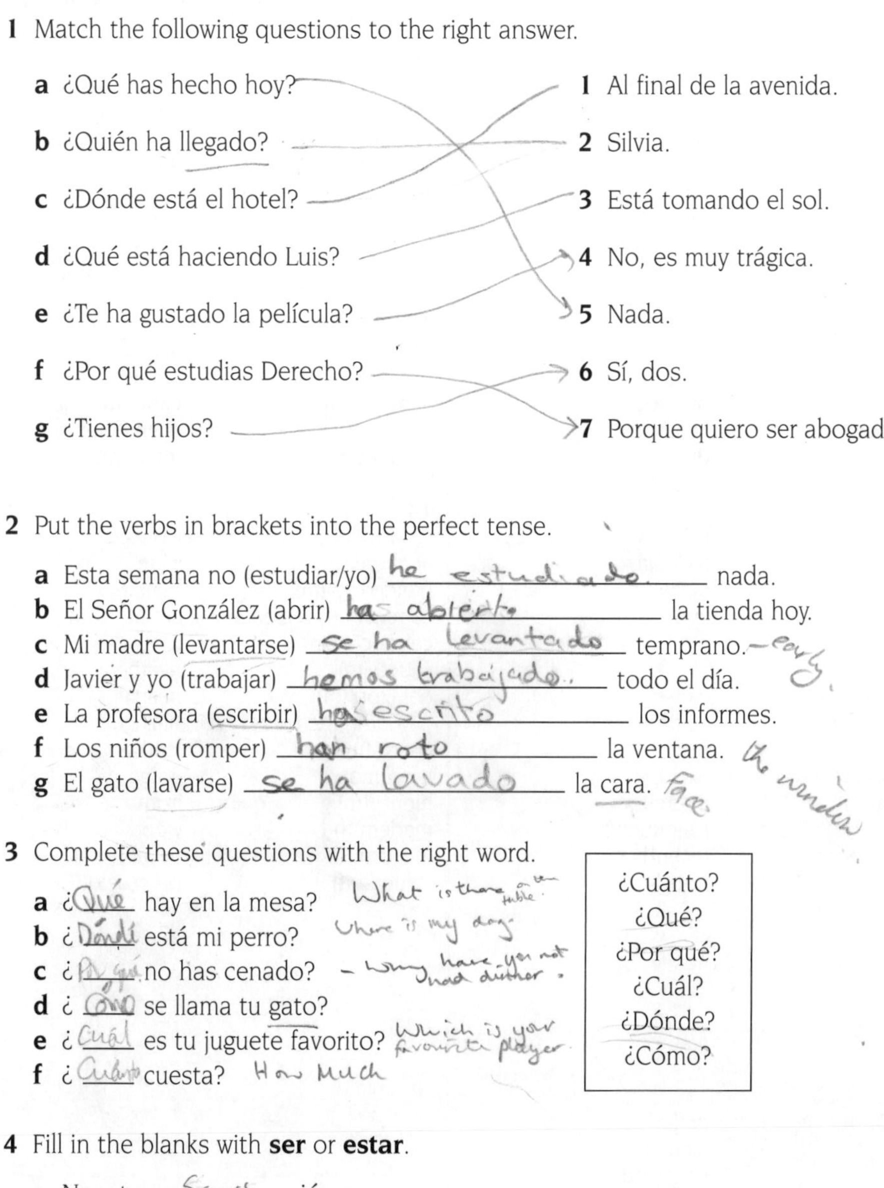

1 Match the following questions to the right answer.

a ¿Qué has hecho hoy?
b ¿Quién ha llegado?
c ¿Dónde está el hotel?
d ¿Qué está haciendo Luis?
e ¿Te ha gustado la película?
f ¿Por qué estudias Derecho?
g ¿Tienes hijos?

1 Al final de la avenida.
2 Silvia.
3 Está tomando el sol.
4 No, es muy trágica.
5 Nada.
6 Sí, dos.
7 Porque quiero ser abogada.

2 Put the verbs in brackets into the perfect tense.

a Esta semana no (estudiar/yo) ______ nada.
b El Señor González (abrir) ______ la tienda hoy.
c Mi madre (levantarse) ______ temprano.
d Javier y yo (trabajar) ______ todo el día.
e La profesora (escribir) ______ los informes.
f Los niños (romper) ______ la ventana.
g El gato (lavarse) ______ la cara.

3 Complete these questions with the right word.

a ¿______ hay en la mesa?
b ¿______ está mi perro?
c ¿______ no has cenado?
d ¿______ se llama tu gato?
e ¿______ es tu juguete favorito?
f ¿______ cuesta?

¿Cuánto?
¿Qué?
¿Por qué?
¿Cuál?
¿Dónde?
¿Cómo?

4 Fill in the blanks with **ser** or **estar**.

a Nosotros ______ jóvenes.
b ¿Dónde ______ el hospital?
c ¿Qué ______ esto?
d ¿De dónde ______ tú?
e Ellos ______ en el jardín.
f Málaga ______ en España.
g Yo ______ profesora.
h ¿ ______ vosotros españoles?

Vocabulario

Los números a continuación se refieren a la sección donde aparece este vocabulario.

1

agotador/a	exhausting
aprendiz (m)	apprentice
carrera (f)	degree course
deporte (m)	sport
fenomenal	great
hijo (m) único	only child
suroeste (m)	south west
taller (m) mecánico	garage
verano (m)	summer
voluntario (m)	volunteer

5

a pie	on foot
a toda prisa	in a hurry
cena (f)	dinner
decir	to say
de todas formas	anyway
perder	to miss
reírse	to laugh
retraso (m)	delay
tarde	late

6

carrera (f)	career
decisivamente	decisively
disco (m)	record
emocionante	exciting
entrevista (f)	interview
influir	to influence
recientemente	recently
titular	to title

7

curioso/a	nosey

8

uva (f)	grape

9

artesanía (f)	craft
casi	almost
gastar	to spend
juntos/as	together
pasarlo bien	to have fun
piscina (f)	swimming pool
primo/a (m/f)	cousin
regalo (m)	gift

11

afueras (f, pl)	outskirts
casero/a	homemade
clima (m)	climate
comarca (f)	region
ermita (f)	chapel, hermitage
finca (f)	country house
mueble (m)	furniture
sabor (m)	flavour
seco/a	dry
viñedo (m)	vineyard
vitivinícola	wine-growing

12

agrícola	agricultural
fértil	fertile
ganadero/a	cattle raising
pampa (f)	plains (South America)
templado/a	temperate

14

aislado/a	isolated
ancho/a	wide
bandolero (m)	bandit
cabecera (f) regional	county town
calzado (m)	footwear
cauce (m)	riverbed
corazón (m)	heart
corrida (f) de toros	bullfight
cuero (m)	leather
garganta (f)	gorge
hierro (m)	iron
madera (f)	wood
mezclar	to mix
romería (f)	procession

Práctica en parejas

1 Find out whether your partner has done any of the following this week.

Por ejemplo: *¿Has conocido a alguien interesante en la universidad esta semana?*

- conocer a alguien interesante – met an interesting person
- perder la paciencia miss / loose patcienca
- llegar tarde arrive late
- comprar ropa buy clothes
- estudiar español study spanish
- escribir cartas write letters
- usar el ordenador to use computer
- leer el periódico to read newspaper
- discutir con alguien argue with someone.

2 Your partner seems to be very interested in what you have been doing recently. Read your notes below and answer his/her questions.

- *perder un cheque*
- *enviar correos electrónicos a Juana*
- *ordenar la casa*
- *aprender 10 palabras nuevas en español cada día*
- *salir de marcha con mis amigos*

Práctica en parejas

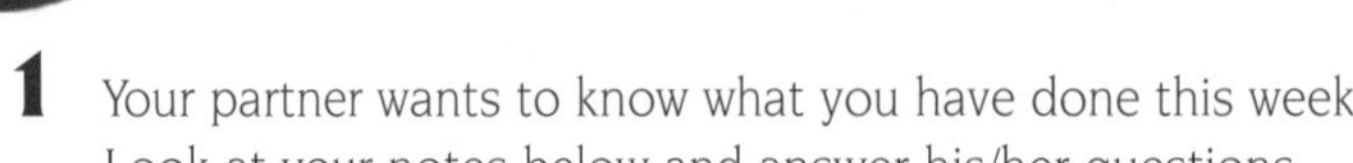

B

1 Your partner wants to know what you have done this week. Look at your notes below and answer his/her questions.

- conocer a Julia Roberts en una fiesta en Londres
- comprar unos pantalones nuevos
- estudiar español una hora al día
- usar el ordenador
- leer el periódico local

2 Now ask some questions to find out what your partner has been doing in the last couple of days.

Por ejemplo: *¿Has perdido algo importante?*

- perder algo importante
- enviar correos electrónicos
- ordenar la casa
- jugar con la Playstation
- escuchar algo divertido
- aprender palabras nuevas en español
- ver una película
- salir de marcha
- tener una cita

In this unit you will learn how to express reactions such as surprise, and revise and extend your knowledge of the two main past tenses – the perfect and the preterite. You will also learn how to say what you like doing, how you feel, and deal with a visit to the doctor.

1 Pepa y Pepe

a Escucha y lee.

Pepa:	Pepe, tengo una noticia buena y otra mala.
Pepe:	¡Uy! ¿Cuál es la buena noticia?
Pepa:	Tu padre se ha roto un brazo.
Pepe:	¡Qué me dices! ¿Cómo ha ocurrido?
Pepa:	Tu madre le golpeó con la cabeza al desmayarse.
Pepe:	¡Dios mío! ¿Por qué se ha desmayado mi madre?
Pepa:	¡Ni idea! Se desmayó cuando le dije que estoy embarazada.
Pepe:	¡Qué sorpresa! Vamos a tener un hijo. ¡Qué contento estoy!
Pepa:	¡Qué bien! Pero no vamos a tener un hijo, vamos a tener tres.
Pepe:	¡Genial! ¡Es fantástico! ¿Y cuál es la mala noticia?
Pepa:	Que no eres el padre.
Pepe:	¡Vaya toalla!
Pepa:	Pepe, ¿qué haces en el suelo? Pepe… ¡Pepe!

b Ahora contesta a estas preguntas.

i ¿Cómo se ha roto el brazo el padre de Pepe?	Se ha roto el brazo cuando…
ii ¿Por qué se ha desmayado su madre?	Se ha desmayado porque…
iii ¿Cuál es la mala noticia de Pepa?	La mala noticia de Pepa es que…

Estoy embarazada.	I'm pregnant.
¿Y cuál es la mala noticia?	And what's the bad news?

gramática

¿Cómo ha ocurrido? How did it happen?

Perfect tense: auxiliary verb + past participle

Le golpeó con la cabeza al desmayarse. She hit him with her head when she fainted.

Preterite tense: see Gramática page 20.

c Clasifica las interjecciones del diálogo en tres categorías.

Dolor	Felicidad	Sorpresa

d En grupos reducidos, escribid y representad el diálogo entre Pepa y los padres de Pepe.

2 Contratiempos

Empareja cada dibujo con la frase correcta.

i

ii

iii

a Después, he invitado a Alberto a tomar café… ¡otra vez!
b He perdido el autobús de las 8 y he ido andando a la universidad.
c Más tarde, he ido a la biblioteca y estaba cerrada.
d Esta mañana, me he levantado tarde.
e He desayunado rápidamente.
f He llegado tarde a clase y, entonces, me he sentado solo en un rincón.

iv

v

vi

gramática

A matter of perspective

Perfect tense: **Esta mañana, me he levantado tarde.**
(The speaker's timeframe is that day and it is not over yet.)

Preterite tense: **Esta mañana, me levanté tarde.**
(Here his timeframe is the morning, and it is over.)

3 ¿Qué te ha pasado?

a Usando el vocabulario y las estructuras de los ejercicios anteriores, escribe con tu compañero/a un diálogo sobre vuestros propios contratiempos.

Por ejemplo: ¡Esta mañana, he perdido mi pasaporte! or ¡Esta mañana perdí mi pasaporte!

b Ahora cuenta al resto de la clase el contratiempo de tu compañero/a.

Por ejemplo: ¡Miguel ha perdido su pasaporte esta mañana! or ¡Miguel perdió su pasaporte esta mañana!

4 Estudiantes al borde de un ataque de nervios

a Rafael es estudiante y está hablando con sus amigos. Coloca las intervenciones de Rafael en el orden correcto.

i Sí, el último día del trimestre hablé con él y me dijo textualmente: "Si esto no cambia, no puedes continuar con tu carrera". ¡Pero no fue culpa mía! Estoy muy deprimido y enfadado…

ii El primer día del trimestre fui a la oficina de mi facultad a buscar mi horario. Tuve que hablar con cinco personas diferentes y, al final, recibí una lista de clases y me coinciden los horarios de dos asignaturas. Pasé tres semanas tratando de cambiarlo, pero nadie me ayudó…

iii Porque este trimestre ha sido horrible. He llegado tarde a todas mis clases, no he escrito los ensayos, no he estudiado nada, he suspendido cuatro asignaturas y sólo he aprobado el inglés por los pelos. ¡Un desastre!

iv Todo siguió igual. Como resultado, llegué tarde, no tomé notas, ni siquiera hice amigos con los compañeros. Terminé muy estresado y en las últimas semanas, prácticamente abandoné los estudios y no trabajé. ¡Suspendí todo!

b Ahora escucha atentamente la grabación y comprueba que has ordenado el diálogo en el orden correcto.

no fue culpa mía	it wasn't my fault
nadie me ayudó	no one helped me
todo siguió igual	nothing changed

gramática

Perspective again!

Ayer suspendí.	**Esta mañana suspendí/he suspendido.**
More remote past = preterite	More recent past = preterite or perfect

NB **Pretérito: verbos irregulares decir/ir/tener/hacer** See Gramática page 3.

c Por último, lee el texto del apartado **a** otra vez y subraya los verbos en indefinido (preterite). Intenta también descubrir cuál es el *infinitivo* de esos verbos.

Por ejemplo: *dijo - decir (to say)*

5 Test: ¿Eres adict@ al móvil?

A continuación tienes un test de 6 preguntas. Cada pregunta tiene dos posibles respuestas. Selecciona la respuesta que mejor define tu personalidad.

1. Vuelves a tu casa. Tu pareja te dice que la cena está lista en unos minutos. ¿Qué prefieres hacer?
   a) Poner la mesa y abrir el champán porque te gusta la idea de brindar por vuestro amor.
   b) Entrar a internet porque no te gusta desconectarte durante las comidas.

2. Tu pareja te pregunta si recuerdas el día que os conocisteis en Venecia. ¿Qué contestas?
   a) Te gusta muchísimo ese día porque fue el día más feliz de toda tu vida.
   b) No te gusta nada recordar ese día porque fue el día que tu móvil se hundió en el canal y tuviste un ataque de ansiedad.

3. Tu pareja te propone matrimonio. ¿Qué haces?
   a) Aceptas porque te gusta tomar decisiones rápidas.
   b) Envías mensajes de texto a tod@s tus amig@s porque te gusta consultar con ell@s antes de tomar decisiones importantes.

4. Los padres de tu pareja te preguntan qué te gusta hacer en tu tiempo libre.
   a) Contestas que te gusta limpiar la casa, cocinar y hacer punto.
   b) Contestas que te encanta escribir mensajes de texto mientras estás conectad@ a internet.

5. A tu pareja le gustan los lugares remotos y te propone ir al Himalaya de luna de miel. ¿Qué contestas?
   a) "Por ti, voy hasta el fin del mundo."
   b) "¿Al Himalaya? ¡Ni loc@! Ya sabes que tengo fobia a los lugares sin cobertura."

6. Hoy es el "gran día". Estáis en el altar. De repente, tu pareja se desmaya a causa de los nervios. ¿Cuál es tu primera reacción?
   a) Le ayudas a levantarse, y te aseguras de que está recuperad@ antes de continuar.
   b) Mientras sus padres y los otros invitados le ayudan, tomas su móvil y empiezas a llamar a números desconocidos para matar el tiempo.

Test results: Apéndice, página 192.

gramática

Me gusta(n)/me encanta(n)...

(No) te gusta la idea de brindar por vuestro amor...
You (don't) like/love the idea of toasting your love...

(No) le gustan/encantan los lugares remotos...
He/She (doesn't) like/love far away places...

See Gramática page 20.

6 Las partes del cuerpo

Une las partes del cuerpo con su número correspondiente.

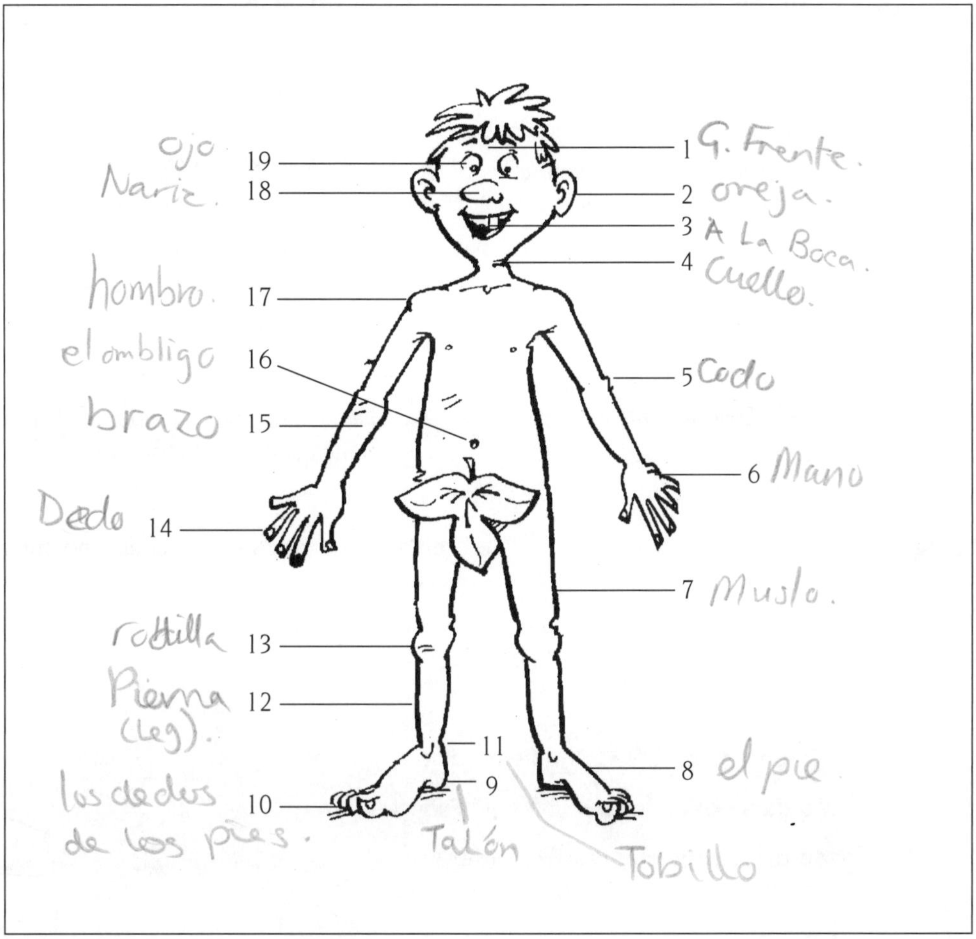

a	la boca	3	**k**	la nariz	____
b	el brazo	____	**l**	el ojo	____
c	el codo	____	**m**	el ombligo	____
d	el cuello	____	**n**	la oreja	____
e	el dedo	____	**ñ**	el pie	____
f	los dedos de los pies	____	**o**	la pierna	____
g	la frente	____	**p**	la rodilla	____
h	el hombro	____	**q**	el talón	____
i	la mano	____	**r**	el tobillo	____
j	el muslo	____			

7 ¿Qué me pasa, doctor?

a Escucha, subraya los errores y corrígelos.

Conversación 1

- Doctor, me duele mucho la cabeza.
- ¿Tienes fiebre?
- Sí, esta semana he tenido fiebre.
- Tienes la gripe. Te recetaré paracetamol. Dolores...
- Sí, me duele mucho el estómago.
- Dolores...
- También me duelen los pies.
- Dolores ¿qué más?
- ¡Ah! Dolores García.

Conversación 2

- ¿Qué te pasa?
- No lo sé, doctora. Esta mañana me he levantado con un dolor de muelas horroroso.
- ¿Te has desmayado?
- Sí, un poco y también he sentido náuseas.
- ¿Te duele el estómago?
- Sí, bastante y además tengo la boca seca.
- Supongo que también estás muy deprimido.
- Sí. ¿Qué me pasa, doctora?
- Nada serio. Has comido mucho y ahora tienes una indigestión.

b Ahora, con tu compañero/a, representa la versión correcta del diálogo entre el doctor y su paciente.

Por ejemplo: **A** Doctor, me duele mucho *la garganta.*
B ¿Tienes fiebre?

¿Qué te pasa?	What's wrong?
Me duele la cabeza.	I have a headache.
Me duelen los pies.	My feet hurt.

gramática

I've got a...

Tengo... **un dolor de muelas** toothache
fiebre a temperature

You've got...
Tienes... **la gripe** flu

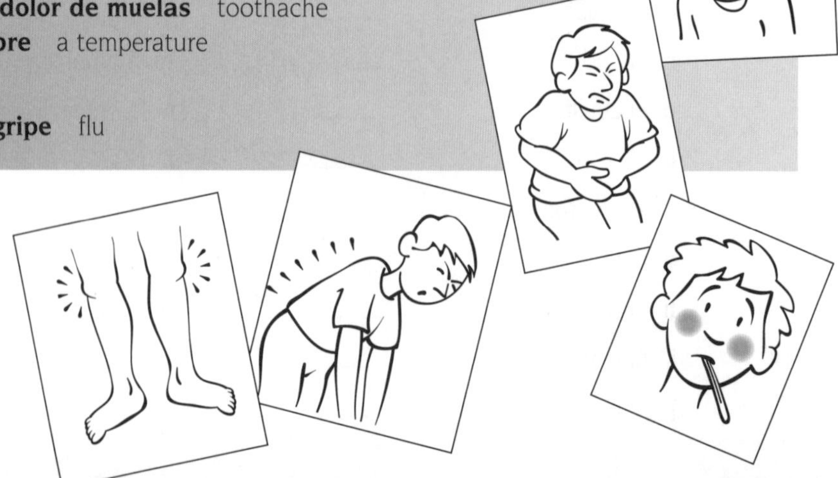

¡Extra!

8 Algunos contratiempos

Escucha y di si las siguientes afirmaciones son verdaderas (V) o falsas (F).

Diálogo 1

a José ha desayunado en casa.

b Su coche se ha roto.

Diálogo 2

c El avión tuvo retraso en Alicante.

d Hubo una alerta por mal tiempo.

Diálogo 3

e Enrique ha perdido su trabajo.

f Él está contento.

9 Sucesos

Lee y contesta a las preguntas en inglés.

a Tragedia en las costas de Galicia

Ayer finalizó la búsqueda de supervivientes del accidente del María Cristina I, un barco pesquero que naufragó el pasado martes frente a las costas de Galicia. Más de ciento cincuenta voluntarios trabajaron en las tareas de rescate. Dieciocho personas perdieron la vida y ocho más continúan desaparecidas. Al parecer, muchas de las víctimas quedaron atrapadas en el interior del barco y no pudieron llegar al exterior.

b Basura tóxica espacial

Cientos de vecinos de un pueblo de Valencia vieron asombrados en la madrugada del viernes cómo una pieza metálica del cohete espacial Fofolo XIII se estrelló muy cerca de sus hogares. Afortunadamente, no hubo víctimas mortales. Uno de los testigos sufrió un ataque de pánico y tuvo que ser atendido en el servicio de urgencias del hospital "Gregorio Marañón".

c Una ex-novia, la peor amiga del perro

Un perro San Bernardo, Pinto P.T., de cinco años murió ayer por la tarde en la clínica veterinaria "San Benito", como consecuencia de siete impactos de bala que recibió. Algunos testigos comentaron a la policía que vieron al perro y a su dueño paseando por el parque. De pronto, Rosa María apareció y escucharon a la pareja discutir fuertemente momentos antes del horroroso crimen. Durante los interrogatorios, la joven declaró que los siete disparos fueron absolutamente accidentales y se declaró inocente.

a i What happened in Galicia on Tuesday?
ii How did the victims die?

b i Where did the metal piece come from?
ii Who saw it fall?

c i How did the dog die?
ii What did Rosa María say when she was questioned by the police?

Gramática

- **Pretérito indefinido** / Preterite tense

  Tense used when a particular time or period of time is specified:

Yo <u>estudié</u> alemán dos trimestres.	I studied German for two terms.
El año pasado, ellos <u>suspendieron</u> sus exámenes.	Last year they failed their exams.

- **Pretérito perfecto** / Perfect tense

  Tense used for events in the more recent past, or when the time is not specified.

Yo <u>he estudiado</u> alemán pero no recuerdo nada.	I (have) studied German but I don't remember anything.

- **Indirect object pronouns**

Ana <u>te</u> envía recuerdos.	Ana sends *you* her best wishes.
Ella <u>te</u> dio el libro.	She gave *you* the book.
Él <u>le</u> dijo.	He told *him* or *her*.

  These are *indirect* objects: the object of 'gave' is 'the book', not 'you'. An indirect object often has the same effect as inserting the preposition 'to' before the pronoun. Here for example 'She gave the book <u>to</u> you' makes sense.

  Note: Unit 6 deals more fully with object pronouns.

- **Expressing likes**

  Note that this is an *impersonal* construction: the grammatical subject is not the logical one. The Spanish means literally 'it pleases me', 'they delight her', etc.

  – To say you like/love one thing:

(a mí) me gusta/encanta	I like/love it
(a ti) te gusta/encanta	You like/love it
(a él/ella/Elvira) le gusta/encanta	He/She/Elvira likes/loves it

  – To say you like/love more than one thing:

(a mí) me gustan/encantan	I like/love them
(a ti) te gustan/encantan	You like/love them
(a él/ella/Elvira) le gustan/encantan	He/She/Elvira likes/loves them

Ejercicios de gramática

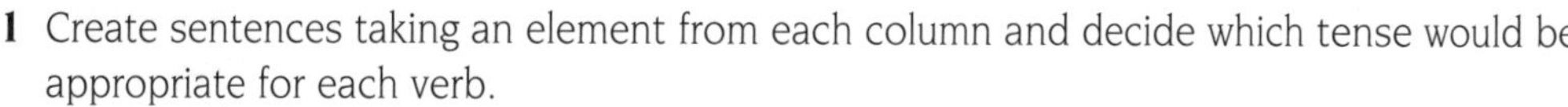

1 Create sentences taking an element from each column and decide which tense would be appropriate for each verb.

Por ejemplo: *Ayer, yo fui al teatro en Madrid.*

Ayer, Esta mañana, La semana pasada, En 1999, Recientemente,	yo tú Juan nosotros vosotros Silvia y Carlos	ir recibir hacer ver comer tener descubrir	varias clases muy difíciles. una paella fenomenal. al teatro en Madrid. varios regalos de los niños. a Mafalda en *www.todamafalda.8m.com.* un viaje a Honduras.

2 Now translate your sentences into English.

3 Read the text and put in an appropriate form of the verbs in brackets.

Pablo Arregui **a** *es* (ser) médico, **b** ______ (tener) su consultorio en Córdoba y **c** ______ (trabajar) también en el hospital de la ciudad.

d ______ (Tener) 35 años, **e** ______ (estar) casado y le **f** ______ (gustar) mucho **g** ______ (viajar) y **h** ______ (leer).

Últimamente, **i** ______ (ir) a Perú para un congreso médico.

Pablo **j** ______ (nacer) en La Falda, pero **k** ______ (venir) a Córdoba a estudiar Medicina. Al final del curso **l** ______ (obtener) una beca para especializarse en España, y **m** ______ (estar) allí 2 años. **n** ______ (conocer) a Mari Carmen, y **ñ** ______ (casarse).

Pablo y Mari Carmen **o** ______ (hacer) un viaje por Europa y **p** ______ (llegar) a Argentina hace dos años. Pablo **q** ______ (conseguir) trabajo y Mari Carmen **r** ______ (decidir) estudiar Biología.

Recientemente, los dos **s** ______ (volver) a viajar a España para visitar a la familia. **t** ______ (pasarlo) estupendamente.

4 Complete these sentences.

Por ejemplo: A Susana / encantar / bailar.
A Susana le encanta bailar.

a A nosotros / gustar / visitar galerías de arte
b A mí / no gustar / ese tipo de música
c ¿A ella / gustar / el cine español moderno?
d ¿A vosotros / no gustar / el fútbol?
e A ti / encantar / Dalí

Vocabulario

El vocabulario para las sección **9** aparece en el apéndice de la página 192.

1

brazo (m)	arm
cabeza (f)	head
desmayarse	to faint
dolor (m)	pain
embarazada	pregnant
felicidad (f)	happiness
golpear	to hit
noticia (f)	news
romper	to break
sorpresa (f)	surprise
suelo (m)	floor
¡Vaya toalla!	Oh no!

2

andar	to walk
cerrado/a	closed
invitar	to buy someone a drink
levantarse	to get up
perder	to miss
rápidamente	quickly
rincón (m)	corner

4

abandonar	to quit
aprobar	to pass
asignatura (f)	subject/module
ataque (m) de nervios	nervous breakdown
ayudar	to help
beca (f)	grant
cambiar	to change
carrera (f)	university degree
culpa (f)	fault
deprimido/a	depressed
ensayo (m)	essay
enfadado/a	angry
horario (m)	timetable
llegar	to arrive
pasar	to spend
recibir	to receive
seguir igual	to remain the same
suspender	to fail
terminar	to end up
textualmente	literally
tomar	to take
trabajar	to work
tratar	to try
trimestre (m)	term

5

ansiedad (f)	anxiety
asegurarse	to make sure
brindar	to toast
cobertura (f)	coverage
de repente	suddenly
desconocido/a	unknown
hacer punto	to knit
hundirse	to sink
invitado (m)	guest
listo/a	ready
lugar (m)	place
luna (f) de miel	honeymoon
matrimonio (m)	marriage
mensaje (m)	message
pareja (f)	partner
proponer	to suggest
recordar	to remember

6

boca (f)	mouth
brazo (m)	arm
codo (m)	elbow
cuello (m)	neck
dedo (m)	finger
dedo (m) del pie	toe
frente (f)	forehead
hombro (m)	shoulder
mano (f)	hand
muslo (m)	thigh
nariz (f)	nose
ojo (m)	eye
ombligo (m)	navel
oreja (f)	ear
pie (m)	foot
pierna (f)	leg
rodilla (f)	knee
talón (m)	heel
tobillo (m)	ankle

7

doler	to hurt
dolor (m)	pain
fiebre (f)	temperature
garganta (f)	throat
gripe (f)	flu
muela (f)	molar
náuseas (f pl)	sickness
resaca (f)	hangover
seco/a	dry

8

contento/a	happy
contratiempo (m)	inconvenience
retraso (m)	delay
romperse	to get broken
tiempo (m)	weather

Práctica en parejas

1 Greet your partner and tell him/her what happened to you yesterday. Then listen carefully to your partner's comments and be prepared to show how you feel using the expressions below.

- Yesterday you had an accident.
- You broke your arm.
- In the evening, you fainted on the street.
- A nice person helped you.
- He/She invited you for a coffee.
- He/She was single.
- Suddenly he/she disappeared.
- He/She stole your wallet.

¡Qué bien!	¡Es fantástico!	¡Genial!
¡Qué contento estoy!	¡Dios mío!	¡Enhorabuena!
¡Qué me dices!	¡Vaya toalla!	¡Estupendo!
¡Qué sorpresa!	¡Uy!	

2 Your partner is not feeling well. Ask questions to obtain the information needed. Then offer them an accurate diagnosis.

- feel sick every day
- have a temperature
- have been eating/drinking a lot
- have fainted
- feel any pain and where
- feel drowsiness

Diagnosis:
- Congratulations! You are pregnant!
- You have the flu!
- What a surprise! You have a hangover!
- You have terrible toothache!
- Great! You have indigestion!
- Ouch! You have tonsillitis!

tener resaca	to have a hangover

Práctica en parejas

1 Listen carefully to your partner's comments and be prepared to show how you feel using the expressions below.

¡Qué bien!	¡Es fantástico!	¡Genial!
¡Qué contento estoy!	¡Dios mío!	¡Enhorabuena!
¡Qué me dices!	¡Vaya toalla!	¡Estupendo!
¡Qué sorpresa!	¡Uy!	

Then greet your partner and tell him/her what happened to you today.

- Today you woke up late.
- You didn't have breakfast.
- Later on, you missed the 8.30 bus.
- You have written your essays.
- You left them at home.
- You were late for all your lessons.
- You won the lottery.
- But you lost the ticket.

2 You are not feeling well. Choose one of the 'problems' listed below. Then answer your partner's questions and find out how accurate his/her diagnosis is.

- flu
- tonsillitis
- hangover
- indigestion
- pregnancy
- toothache

tener resaca	to have a hangover

3 Recuerdos del pasado

In this unit you will learn to talk about how things used to be in the past, and how they have changed.

1 En aquellos tiempos...

a Escucha y lee.

En los años 40, en Europa había guerra, y se estaba extendiendo por todo el mundo. La orquesta de Glenn Miller era muy famosa; la gente escuchaba jazz. Latinoamérica parecía una región exótica y desconocida. ¿Y en España? Franco gobernaba e imponía sus ideas nacionalistas en todo el país.

En los años 50, Europa se estaba recuperando de la guerra. Elvis cantaba y volvía locas a las chicas. En Latinoamérica se hacían tratados de cooperación con los Estados Unidos (EE.UU.). ¿Y en España? Estaba Franco.

En los años 60, los Beatles eran el grupo más famoso, y sus discos se vendían por todo el mundo. Los hippies salían de San Francisco para hacer el amor y no la guerra... En Brasil, Pelé jugaba al fútbol y fascinaba a la afición. ¿Y en España? Empezaba el turismo masivo y... seguía Franco.

En los años 70, se estaban extendiendo por Europa las ideas liberales originadas en Francia. Sin embargo, en Latinoamérica muchos países tenían dictaduras militares. Se llevaban zapatos con plataforma y camisas floreadas. En España, la gente decía: "Si muere Franco..." Y en 1975, Franco murió. ¡Costaba creerlo!

b Relaciona cada frase con su equivalente en inglés.

1	en aquellos tiempos	**a**	they were spreading
2	parecía una región exótica	**b**	It was hard to believe!
3	volvía locas a las chicas	**c**	flowery shirts
4	hacer el amor y no la guerra	**d**	dazzled the fans
5	fascinaba a la afición	**e**	make love not war
6	se estaban extendiendo	**f**	in those days
7	camisas floreadas	**g**	he drove the girls crazy
8	¡Costaba creerlo!	**h**	it seemed like an exotic region

Francisco Franco nació en 1892 en Galicia. Hizo la carrera militar y llegó a general siendo muy joven. Fue el líder del Frente Nacional que derrotó a las fuerzas del gobierno socialista en la Guerra Civil española (1936-1939). Después de la guerra, se transformó en jefe del gobierno. Su régimen dictatorial de tipo fascista sobrevivió como un anacronismo en Europa hasta su muerte en 1975.

gramática

Imperfecto/Imperfect tense

Verbs ending in **-ar** add **-aba**; **-er**/**-ir** add **-ía**.

	-ar	-er	-ir
yo/él	**empezaba**	**tenía**	**salía**
ellos	**empezaban**	**tenían**	**salían**

ser: yo/él era; ellos eran

Imperfect *continuous* form:

Se estaba recuperando	from **recuperarse**	... was recovering
Se estaba extendiendo	from **extenderse**	... was spreading

This is the imperfect of **estar** + *present participle* (**gerundio**). Remember, like English, Spanish has a continuous form for every tense.

c Escucha el texto nuevamente y marca las respuestas correctas.

i En los años 50, Latinoamérica...
- **a** tenía buenas relaciones con los EE.UU.
- **b** tenía gobiernos coloniales.
- **c** luchaba contra los EE.UU.

ii En los años 40, Glenn Miller...
- **a** cantaba muy bien.
- **b** tenía una orquesta.
- **c** escribía libros de jazz.

iii Franco...
- **a** era tolerante con la oposición.
- **b** imponía ideas nacionalistas.
- **c** gobernaba democráticamente.

iv En los 50, Elvis...
- **a** no tenía mucho éxito.
- **b** cantaba en el coro de su iglesia.
- **c** tenía muchas admiradoras.

v En los 60, los hippies...
- **a** trabajaban mucho.
- **b** salían de Alemania.
- **c** eran pacifistas.

vi En los años 60, España...
- **a** era una potencia mundial.
- **b** recibía muchos turistas.
- **c** era una monarquía.

vii En los 70, las chicas...
- **a** llevaban minifaldas.
- **b** llevaban corsés.
- **c** llevaban plataformas.

viii Las ideas liberales...
- **a** venían de Francia.
- **b** venían de Latinoamérica.
- **c** venían de España.

España en los 70.

2 Todo ha cambiado mucho

Con tu compañero/a, decide en qué época ocurrían estas cosas.

a Se podía fumar en todos los lugares públicos.
b La tele en color era una novedad para todo el mundo.
c Todas las chicas llevaban minifalda.
d Nadie jugaba a la Playstation.
e Se hablaba mucho del peligro de la guerra nuclear.
f La gente bailaba rock.
g La gente pensaba que el tren era un medio de transporte muy peligroso.

Para ayudarte: 1930 los años 60 los años 70 los años 40
en 1820 en la primera mitad del siglo XX

3 ¿Cuando ocurría esto?

Con tu compañero/a, prepara varias frases describiendo una época del pasado. El resto de la clase deberá adivinar de qué época habláis.

Sugerencias: la época medieval
la época de Napoleón
la Segunda Guerra Mundial
los años 70

gramática

aquel tiempo *that* time (masculine)
aquella época *that* time (feminine)

Por ejemplo: *En aquel tiempo no había coches ni trenes. La gente viajaba a pie o a caballo. Muy pocas personas sabían leer y escribir y no existía la imprenta.*

4 Ahora y antes

a Escucha a Mónica y a Mercedes hablando de su vida actual.

b Contesta a estas preguntas con tu compañero/a.

i ¿En qué han cambiado estas dos mujeres?
ii ¿A qué se dedica cada una de ellas?

c Imagínate cómo eran sus vidas antes y escribe sobre ellas.

Sugerencias: dónde vivían de qué trabajaban con quién iban de vacaciones
qué hacían en su tiempo libre
qué hacían para no subir de peso y mantenerse en forma

subir de peso to gain weight **mantenerse en forma** to keep fit

d Ahora escucha la primera parte de su diálogo. En grupos, comparad vuestra versión con lo que dicen Mónica y Mercedes.

5 Cuando era niño...

a Habla con tu compañero/a sobre lo que solías hacer cuando eras pequeño/a.

Por ejemplo: Cuando era niño/pequeño…
- solía montar a caballo.
- vivía en Asturias.
- jugaba con el tren eléctrico.

b Cuenta a la clase lo que has aprendido sobre la infancia de tu compañero/a.

Por ejemplo: *Juan solía estudiar por la noche.*

gramática

soler to be in the habit of doing something

Cuando vivía en Londres, solía pasear por Camden Town. (imperfect tense)
When I lived in London, I used to walk around Camden Town.

6 Una encuesta

a Busca entre tus compañeros quién hacía lo siguiente.

Actividad	*Nº personas*
• solía llevar el pelo corto	
• no comía carne	
• estudiaba un idioma extranjero	
• tocaba un instrumento	
• solía cuidar de sus hermanos pequeños	
• bailaba mucho	
• cogía el autobús todas las mañanas	
• veía mucho la tele	
• iba de vacaciones todos los años con sus padres	
• leía novelas románticas	

b Averigua qué actividades continúan haciendo tus compañeros/as.

Por ejemplo: **A** ¿Sigues estudiando francés?
B No, ya no estudio francés.

7 Latinoamérica en el siglo XX

Relaciona estos dos grupos de frases.

1 Cuba recibía mucha ayuda de la Unión Soviética antes de 1992…
2 Argentina producía enormes cantidades de trigo y carne en los años 40 y 50…
3 En los años 70, el general Pinochet gobernaba Chile…
4 El presidente Fujimori dirigía un gobierno corrupto y dictatorial…
5 Muchos mejicanos solían emigrar a los EE.UU. …

a … ahora siguen emigrando, para buscar una vida mejor.
b … ahora ya no llegan subsidios, y el sistema económico se ha roto.
c … ahora ya no está en el poder, pero todavía hay corrupción en el país.
d … ahora sigue produciendo mucha carne, y se ha extendido el cultivo de la soja.
e … mucha gente todavía lo recuerda, para bien o para mal.

Siguen emigrando.	They still emigrate.
Ya no está en el poder.	He is not in power any more.
Mucha gente todavía lo recuerda.	Many people still remember him.

8 Cartas al doctor

a Lee esta carta dirigida a la doctora Dolores Fuertes en la sección "Tu Salud" del periódico.

Estimada doctora:
Recientemente he cambiado muchos hábitos de mi vida. Ya no fumo, ni bebo alcohol (¡aunque todavía me gusta la cerveza!). Ya no paso cinco horas al día viendo la tele. Empecé a correr hace cuatro meses, y sigo corriendo tres veces por semana. También he cambiado mi dieta: ya no como carne, fritos, ni grasas. Todavía pongo sal en la comida, pero mucha menos. Sigo comiendo verduras ecológicas como antes. Mi problema es que mi vida actual es muy aburrida. ¿Qué puedo hacer?

Catalina López

b Escribe un párrafo contando cómo era la vida de Catalina antes.

Por ejemplo: *Antes, Catalina bebía cerveza todos los días.*

9 Como dos gotas de agua

Habla con tu compañero/a para descubrir cuánto tienen en común vuestras vidas pasadas y escribe las coincidencias.

Por ejemplo:
A *Antes yo estudiaba italiano por las tardes, ¿y tú?*
B *No, yo no. Cuando era más joven, estudiaba piano y practicaba mucho.*
A *Pues yo también estudiaba piano.*

Cuando éramos más jóvenes, estudiábamos piano.

10 Abuela Eugenia

Escucha a la abuela Eugenia hablando de su vida y la de su familia y completa la información.

	trabajo	transporte	actividades
Eugenia			
José			
Carmen			

11 Una nueva vida

Lee estos datos sobre emigrantes mexicanos en los EE.UU. Decide si se refieren al pasado o al presente (o a los dos) y escribe oraciones completas en el tiempo verbal apropiado.

Por ejemplo: Trabajar en el campo.

Los emigrantes trabajaban en el campo.

a buscar una vida mejor
b mantener su lengua
c hablar Spanglish
d tomar parte en la vida política
e volver a México
f tener sus propias estaciones de radio y televisión
g no tener derechos laborales
h estar en EE.UU. en situación ilegal
i cruzar el Río Grande a nado
j ser ciudadanos estadounidenses

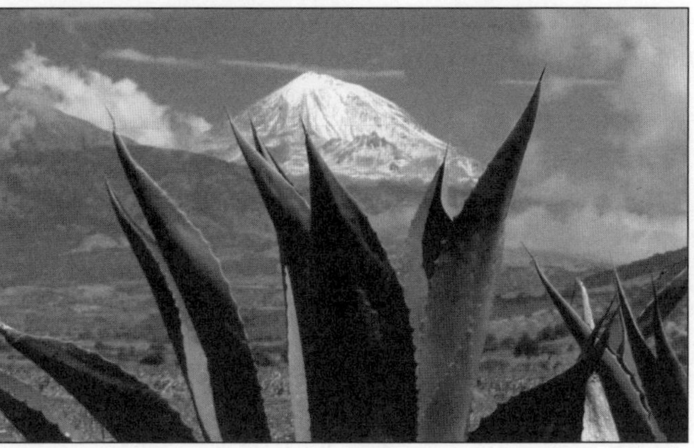

México – volcán Popocatepetl y planta de magüey

Gramática

- **Imperfecto** / Imperfect tense

-ar: empezar	-er: tener	-ir: salir
empezaba	**tenía**	**salía**
empezabas	**tenías**	**salías**
empezaba	**tenía**	**salía**
empezábamos	**teníamos**	**salíamos**
empezabais	**teníais**	**salíais**
empezaban	**tenían**	**salían**

See the Table of irregular verbs on pp. 159–61.

- Expresses something that used to happen in the past.

Por ejemplo: **Cuando era niño, jugaba al tenis.**
When I was a child, I used to play / played tennis.

The *continuous form* of the tense stresses the ongoing nature of the activity.

Por ejemplo: **Los niños estaban jugando mientras yo cocinaba.**
The children were playing while I cooked.

- **Solía** (v. **soler**) + **infinitive**
This useful verb indicates habitual actions.

Por ejemplo: **Solía jugar al fútbol, pero ya no juego.**
I used to play football but I don't any more.

- **Adjetivos demostrativos** (**that**, **those**)
aquel / aquellos
aquella / aquellas

Por ejemplo: **Aquel pibe es mi primo Carlos.** That kid is my cousin Carlos.
En aquellos tiempos no había internet. In those days there was no internet.

Ejercicios de gramática

1 Delia, a Mexican immigrant to the USA, talks about her experiences. Fill in the blanks with the correct forms of the verbs below. (Some verbs will be needed twice).

Cuando llegué a los EE.UU., no **a** ______ a nadie. **b** ______ muy joven, y no **c** ______ dinero. Al principio, **d** ______ en restaurantes como camarera, pero la policía **e** ______ por todas partes y **f** ______ la documentación de los inmigrantes... Yo **g** ______ miedo, **h** ______ de apartamento cada tres semanas, porque algunos amigos, emigrantes como yo, **i** ______ que si las autoridades **j** ______ a algún ilegal, lo **k** ______ inmediatamente a su país. Yo no **l** ______ volver a México, allí no **m** ______ trabajo ni posibilidad de progreso. Ser camarera en EE.UU. no **n** ______ gran cosa, pero para empezar no **ñ** ______ mal.

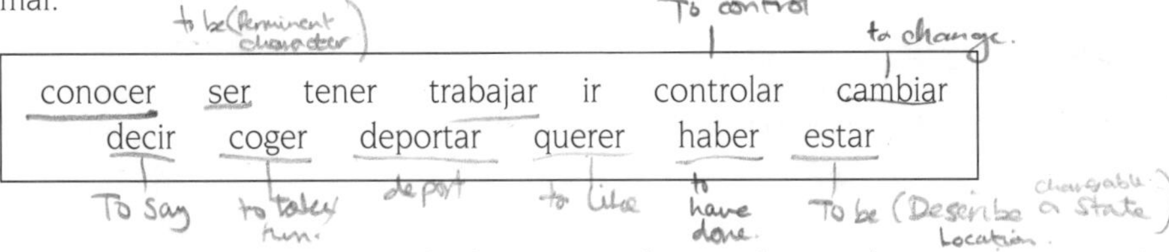

conocer ser tener trabajar ir controlar cambiar
decir coger deportar querer haber estar

2 Complete these questions to find out more about Delia's early experiences in USA.

Por ejemplo: ¿Dónde (vivir)? ¿Dónde vivías?

a ¿(Ser) difícil encontrar trabajo?
b ¿Qué (hacer) cuando (llegar) la policía?
c ¿Cómo (comunicarte) con tu familia?
d ¿Cómo (sentirte)?

3 And now write a few sentences about Delia's new life. Use **ya no**, **todavía**, and **sigue**.

Vocabulario

1

afición (f)	fans
costar	to find it hard
creer	believe
desconocido/a	unknown
dictadura (f) militar	military dictatorship
extender	to spread
fascinar	to dazzle
floreado/a	flowery
gobernar	to govern
guerra (f)	war
imponer	to impose
luchar	to fight
morir	to die
orquesta (f)	orchestra
país (m)	country
sin embargo	however
tratado (m)	treaty

3

época (f) medieval	Middle Ages

4

aburrirse	to get bored
banquero (m)	banker
casarse	to get married
comida (f) de negocios	business lunch
crucero (m)	cruise
delgado/a	thin
desfile (m) de modas	fashion show
dieta (f)	diet
disculpar	to excuse
divertido/a	fun
estricto/a	strict
fetiche (m)	icon
medios (m, pl)	the media
parar	to stop
pasarlo bomba	to have a great time
probar	to try
reunión (f)	meeting
tarta (f)	cake
yate (m)	yacht

6

averiguar	to find out
carne (f)	meat
cuidar	to look after
encuesta (f)	survey
idioma (m)	language
tocar	to play

7

ayuda (f)	help, aid
dirigir	to preside over
para bien o para mal	for better or for worse
poder (m)	power
recordar	to remember
soja (f)	soya
subsidio (m)	subsidy
trigo (m)	wheat

8

aburrido/a	boring
actual	current
aunque	although
correr	to run
ecológico/a	organic
fritos (m, pl)	fried food
fumar	to smoke
grasa (f)	fat

11

ciudadano (m)	citizen
cruzar	to cross
derechos (m, pl)	rights
estadounidense	American
mantener	to keep
propio/a	own

Ejercicios de gramática

autoridades (f, pl)	authorities
cada	every
camarera (f)	waitress
trabajo (m)	work

Práctica en parejas

1 Ask your partner whether he/she used to do any of the following in his/her teenage years.

- go dancing
- practise any sport. Which one(s)?
- do a lot of exercise

2 Your partner will ask you about your first love. Answer his/her questions. Then swap roles and find out the following information from your partner.

- how old was he/she?
- what was he/she like?
- where did he/she used to live?
- what did he/she used to do?
- when/where did they used to meet?
- how did it end?

Práctica en parejas

B

1 Your partner will ask you about your teenage years. Your interests are illustrated below. Be prepared to answer two additional questions!

2 Ask your partner about his/her first love. Find out the following information. Then swap roles.

- how old was he/she?
- what was he/she like?
- where did he/she used to live?
- what did he/she used to do?
- when/where did they used to meet?
- how did it end?

4 ¡Qué tiempos aquellos!

In this unit you will learn to talk in more detail about the past, choosing an appropriate tense, and how to tell other people what someone else said.

1 Cuando era joven...

Hijo:	Papá, cuando eras joven, ¿fumabas?
Padre:	Cuando tenía veinte años fumaba mucho. En aquella época, fumaba quince cigarrillos al día. Pero una vez leí en una revista que fumar perjudicaba la salud.
Hijo:	¿Y qué hiciste?
Padre:	Dejé de fumar.
Hijo:	Bien hecho. Y cuando eras joven, ¿bebías alcohol?
Padre:	Cuando tenía treinta años, bebía mucho. Generalmente, me emborrachaba todos los fines de semana.
Hijo:	¿Y sigues emborrachándote todos los fines de semana?
Padre:	No.
Hijo:	¿Por qué?
Padre:	Porque un día leí en una revista científica que el alcohol perjudicaba al hígado.
Hijo:	¿Y qué pasó?
Padre:	En ese momento, dejé de beber.
Hijo:	Bien hecho. Y ¿qué más?
Padre:	Cuando tenía cuarenta años solía comer cinco kilos de carne roja todas las semanas. Pero un día leí en el periódico que comer mucha carne roja era malo para el corazón. Entonces, dejé de comer carne roja.
Hijo:	¡Bien hecho, papá!
Padre:	También recuerdo que cuando tenía cincuenta años, comía muchos dulces pero leí en un libro que comer muchos dulces aumentaba el nivel de colesterol peligrosamente.
Hijo:	¡Guau! ¿Y dejaste de comer dulces?
Padre:	¡No, dejé de leer inmediatamente!

a Encuentra estas frases en el texto.

i At that time, I smoked...
ii Once I read...
iii ...smoking damaged your health.
iv Usually, I got drunk every weekend.
v At that moment...
vi I stopped drinking...
vii I used to eat... every week.
viii When I was forty years old...
ix ... bad for your heart.
x Then...
xi Well done!
xii ... raised your cholesterol level.

carne roja	red meat	**hígado**	liver
cigarrillos	cigarettes	**periódico**	newspaper
dulces	sweets	**revista**	magazine

gramática

Which past tense?

When speaking or writing with reference to the past, these words and phrases are followed by the imperfect tense:

Cuando... ***era más joven/tenía veinte años***
En aquella época
Generalmente
Todos los días
Todas las semanas

Similarly these words and phrases normally require the preterite tense:

Una vez
En ese momento
El año pasado
En el 2003
Hace dos años

2 En los viejos tiempos

a Con tu compañero/a, recuerda los días de estudiantes en la universidad y contesta a estas preguntas.

i ¿Cuántos años tenías?
ii ¿Dónde vivías?
iii ¿Con quién vivías?
iv ¿A qué hora te levantabas?
v ¿A qué hora empezaban tus clases?
vi ¿Y a qué hora terminaban?
vii ¿Dónde y a qué hora comías?
viii ¿A qué hora volvías a casa por la noche?
ix ¿A qué hora te acostabas?
x ¿Qué aficiones tenías?
xi ¿Qué solías hacer los fines de semana?

b Dos amigos recuerdan sus días en la universidad. Escucha atentamente y compara sus respuestas con las vuestras.

3 ¿Qué te dijo Andrés?

a Escucha atentamente y di si las siguientes afirmaciones son verdaderas (V) o falsas (F).

- **i** Andrés dijo que cuando estaba estudiando en la universidad vivía solo.
- **ii** Andrés dijo que se levantaba a las nueve de la mañana todos los días.
- **iii** Andrés dijo que sus clases empezaban a las nueve de la mañana.
- **iv** Andrés dijo que, generalmente, comía en la cantina.
- **v** Marisol le dijo a Daniel que ella estaba enamorada de Andrés.
- **vi** Marisol también dijo que Daniel le hacía reír.

b Busca un(a) nuevo/a compañero/a y revisa las preguntas de la sección **2a** con él/ella.

Por ejemplo: **A** *¿Dónde vivía tu compañero/a?*
B *Me dijo que vivía en Birmingham…*

c Ahora, explica al resto del grupo las respuestas de tu compañero/a.

Por ejemplo: *Mi compañero me dijo que…*

gramática

<u>**Estilo indirecto** / Reported speech</u>

Andrés me dijo que en aquella época vivía solo.
Andrés told me that in those days he lived alone.

Marisol le dijo a Daniel que ella estaba enamorada de Andrés.
Marisol told Daniel that she was in love with Andrés.

Arquitectura española: Barcelona (izquierda) y Cartagena (derecha)

4 Una sorpresa agradable

a Une estas palabras con su equivalente inglés.

1	abstemio	**a**	blind date
2	agencia matrimonial	**b**	on average
3	alérgico	**c**	teetotal
4	cita a ciegas	**d**	hooked on
5	de media	**e**	allergic
6	emborracharse	**f**	to get drunk
7	enganchado a	**g**	introduction agency

b Lee el correo electrónico de una amiga a otra y resúmelo en inglés.

¿Sabes qué? Hace un mes decidí apuntarme a una agencia matrimonial. Por fin, el jueves pasado tuve la primera cita a ciegas. El chico se llamaba David. Fue una sorpresa muy agradable porque la agencia le describió de una manera y la persona que yo vi era totalmente diferente. La agencia me dijo que tenía veinte años pero él tenía veintidós. Me dijo que su cumpleaños era el uno de mayo. Me dijo que estudiaba Ciencias de la Información en la Universidad de Valladolid. La agencia me dijo que bebía alcohol y yo pensaba que le gustaba emborracharse todos los fines de semana pero él me dijo que era abstemio. Dejó de beber alcohol y empezó a beber té y zumo de naranja. La agencia también me dijo que fumaba un paquete de tabaco al día pero él me dijo que aunque estaba enganchado al tabaco en sus días de estudiante, lo dejó porque era malo para la salud. Yo pensaba que él estaba gordo porque la agencia me dijo que no le gustaba hacer deporte. Sin embargo, él estaba muy delgado. Me dijo que, cuando cumplió veintiún años, empezó a ir al gimnasio regularmente. ¡Increíble!

Me dijo que quería verme otra vez y yo le dije que yo también quería verle. Yo pensaba que le gustaba la comida italiana pero él me dijo que era alérgico al gluten.

Cuídate.

c Con tu compañero/a, intenta escribir un diálogo entre las dos amigas basado en la información del correo electrónico.

Por ejemplo: **A** *¿Cuándo te apuntaste a la agencia matrimonial?*
B *Me apunté hace un mes…*

gramática

Expressing your own opinions:

Yo pensaba que él fumaba.

Dejó de beber alcohol.	He stopped drinking alcohol.
Empezó a beber té.	He started drinking tea.

Both verbs are followed by an infinitive.

5 Un misterio sin resolver

a Lee el misterio de la marquesa Tipitesa. No traduzcas el texto, simplemente intenta comprender la idea básica.

La marquesa Tipitesa era una persona excéntrica. Desde que su marido, el marqués Ado, murió, ella vivía en su inmensa mansión con su perro Lucas, Sebastián y Felisa. Sebastián era su mayordomo. Él empezó a trabajar para la marquesa cuando cumplió veintidós años. Felisa tenía veinte cuando empezó a trabajar como ama de llaves. La mansión estaba situada en medio de un oscuro bosque, a doce kilómetros de la ciudad. Muy cerca de allí había un hospital psiquiátrico. La idea de tener como vecinos a algunos de los criminales más peligrosos de la ciudad no asustaba a la marquesa. Su cumpleaños era el doce de julio. El día de la tragedia, cumplía setenta años. Para celebrarlo, invitó a todos sus amigos. Sin embargo, la fiesta fue un desastre porque a nadie le gustó la tarta de avellanas y nueces.

Los invitados se marcharon a las nueve de la noche aproximadamente. En ese momento, Felisa y Sebastián empezaron a limpiar el salón y la cocina. Dos horas después, mientras la marquesa ponía su dentadura postiza en un vaso con agua, Sebastián y Felisa apagaron todas las luces y se acostaron. En mitad de la noche, Tipitesa escuchó extraños ruidos en la cocina. Ella pensaba que era Lucas jugando. Bajó las escaleras muy despacio, fue a la cocina, encendió la luz y gritó: "¡Feliz año nuevo!". Felisa y Sebastián oyeron los gritos pero pensaban que la marquesa tenía una pesadilla.

A la mañana siguiente, la marquesa estaba muerta en el suelo de la cocina. También había otro cadáver: el de un extraño hombre de blanco. El médico forense dijo que el hombre murió minutos antes que la marquesa. Cuando la policía llegó, Felisa tenía un ataque de nervios. Cuando dejó de llorar, le dijo a la policía que esa mañana se levantó temprano, se vistió y bajó a la cocina para preparar el desayuno de su señora. Y dijo también que cuando entró en la cocina los encontró a los dos muertos. En el interrogatorio, Sebastián dijo que su despertador no sonó y por eso se quedó dormido. Uno de los policías le dijo al inspector que uno de los dos era el asesino. El inspector examinó la escena del crimen y le dijo que estaba equivocado. ¿Qué piensas tú?

ama de llaves	housekeeper	**mayordomo**	butler
avellanas	hazelnuts	**muertos**	dead
cumpleaños	birthday	**nueces**	walnuts
dentadura postiza	denture	**pesadilla**	nightmare
encender la luz	switch on the light	**ruidos**	noises
en medio de	in the middle of	**situada**	situated
limpiar	to clean	**suelo**	floor
marcharse	to leave	**tarta**	cake

b Contesta a estas preguntas con tu compañerola.

i ¿Quiénes eran los personajes principales de la historia?
ii ¿Dónde ocurrió la historia?
iii ¿Por qué vinieron los amigos de la marquesa a la mansión?
iv ¿Qué ocurrió en la mansión aquella noche?
v ¿Qué ocurrió a la mañana siguiente?

c En grupos de tres o cuatro personas, uno de vosotros es elegido "confidente". Esa persona lee la información que hay en el apéndice, página 192.
El resto del grupo le hace preguntas para obtener la información necesaria para resolver el caso. Ejemplos de preguntas posibles:

¡Aviso! El confidente sólo puede contestar **sí**, **no** o **no lo sé**.

i ¿Felisa y Sebastián vivían con la marquesa?
ii ¿Vivía el hombre de blanco en la mansión? No
iii ¿Era el hombre de blanco un asesino? no lo sé
iv ¿Entró el hombre de blanco en la mansión para robar? sí
v ¿Mató Sebastián a la marquesa?
vi ¿Mató el hombre de blanco a la marquesa?
vii ¿Mató la marquesa al hombre de blanco?
viii ¿Comió el hombre de blanco tarta de avellanas y nueces?
ix ¿Tenía la marquesa problemas cardíacos?
x ¿Mató Felisa a la marquesa?
xi ¿Gritaba la marquesa para pedir ayuda?
xii ¿Era el hombre de blanco alérgico a las avellanas y a las nueces?

d Intenta contestar a estas preguntas con la información del confidente

i ¿Quién era el extraño hombre de blanco?
ii ¿Por qué entró ese hombre en la mansión aquella noche?
iii ¿Qué hizo él en la cocina?
iv ¿Mató él a la marquesa?
v ¿Qué encontró la marquesa en la cocina cuando encendió la luz?
vi ¿Mató la marquesa al hombre de blanco?
vii ¿Se suicidó Tipitesa?
viii ¿Por qué gritó "¡Feliz año nuevo!"?
ix ¿Era el mayordomo culpable o inocente?

e Compara tus respuestas con las de tu compañero/a.

Por ejemplo: **A** *Yo pensaba que el hombre de blanco era un invitado de la fiesta.*
B *Pues yo pensaba que él era un criminal.*

f Por último, escucha atentamente la declaración del inspector y descubre qué ocurrió en la mansión la noche del crimen.

¡Extra!

6 Pequeños vicios

En un programa de radio, el presentador entrevista a tres personas del público que confiesan sus pequeños "vicios" en directo. Escucha atentamente y rellena el cuadro.

Nombre	"Vicio"	¿Cuándo empezó a...?	¿cuándo dejó de...?	¿Por qué?
Cristina	comerme las uñas	Lo hacía siempre que estaba nerviosa.	Aprendió a controlar esa mala costumbre	dejó de estudiar
Ricardo				
Elena				

7 Un problema del pasado

a Lee este artículo e intenta comprender la información sin traducir el texto.

Hace unos años, el aumento inesperado de la población provocaba un problema en las aulas de todos los centros educativos del país: la masificación. No era extraño encontrar aulas donde había más de treinta y cinco alumnos en los centros de secundaria y muchos más de doscientos en las universidades. En la mayoría de los casos, los centros no ofrecían las medidas mínimas de luz, higiene o ventilación.

Era evidente que los recursos básicos para la enseñanza en general no crecieron al mismo ritmo que la población. Los profesionales de la enseñanza exigían una solución inmediata. Esa era la preocupante situación del sector de la enseñanza cuando apareció la educación en línea. Los responsables de la propuesta no presentaron el proyecto como una alternativa al sistema de educación tradicional, sino como un avance. La educación en línea eliminó los límites espacio-tiempo, combinó con éxito las nuevas tecnologías (internet, correo electrónico, etc.) con los contenidos educativos clásicos y ofreció a los estudiantes la posibilidad de encontrar profesores cualificados al otro lado del ordenador en directo.

Unos años después, los mismos profesionales de la enseñanza que amenazaban al gobierno con hacer manifestaciones públicas en las principales ciudades del país, hacían declaraciones sensacionalistas a los medios de comunicación; pensaban que la educación en línea estaba directamente asociada con el aumento de la tasa de obesidad infantil y decían que los ordenadores iban a sustituir a los profesores en el futuro. Sin embargo, la primera acusación sigue sin estar científicamente demostrada y la segunda, es simplemente ciencia-ficción.

b Con tu compañero/a, intenta contestar a unas preguntas de comprensión.

i ¿Qué era la "masificación"?
ii ¿Cuál fue el origen de la masificación?
iii ¿Cuál fue la solución al problema de la masificación en las aulas?
iv ¿Qué avances tecnológicos se utilizaron?
v ¿Con qué problemas se asoció a la educación en línea?
vi ¿Que piensas tú de la educación en línea? ¿Por qué?

Gramática

- **El imperfecto y el pretérito indefinido** / Imperfect and preterite
  - The use of the imperfect is required to express what you used to do in the past:

    Por ejemplo: **Yo fumaba veinte cigarrillos al día.** (ongoing situation)
    I used to smoke / I smoked twenty cigarettes a day.
  - The preterite (**indefinido**) describes an event or action in the past:

    Por ejemplo: **Yo dejé de fumar.** I stopped smoking.

  Sometimes, both the imperfect and the preterite require further detail to define time boundaries:

  Imperfecto: **Cuando era más joven, cuando tenía veinte años, en aquella época, generalmente, todos los días, todas las semanas, etc.**

  Pretérito: **Una vez, en ese momento, entonces, etc.**

  However, there are other words and phrases such as **el año pasado**, **en el 2003**, **hace dos años** where each tense indicates a different perspective.

  Por ejemplo: **En el 2003, vivía en Pamplona.** I was living in Pamplona in 2003. (situation)
  En el 2003, viví en Pamplona. I lived in Pamplona in 2003. (fact)

- **Estilo indirecto** / Reported speech
  - To communicate what someone else said but not quoting their actual words we use **decir**.

    Por ejemplo: **Armando <u>dijo</u> que en el 2003 vivía en Pamplona.**
    Armando said he lived in Pamplona in 2003.
  - For more on reported speech, see Gramática page xxx.

- **Opiniones**
  - To express your own opinions/feelings in the past, use **pensar**:

    Por ejemplo: **Yo <u>pensaba</u> que él era tu hermano.**
    I thought he was your brother.

- ***Empezar a/dejar de*** starting / stopping
  - **empezar a** + infinitive. To start doing something.
  - **dejar de** + infinitive. To stop doing something.

  Por ejemplo: **Empecé a levantarme a las siete de la mañana.**
  I started getting up at seven in the morning.
  Dejé de ir a la discoteca.
  I stopped going to the disco.

Ejercicios de gramática

1 Complete these sentences with the imperfect or preterite form of the verb in brackets.

- **a** La última vez que te ______ (ver), tú ______ (tener) ocho años.
- **b** Generalmente, yo ______ (levantarse) a las siete y media de la mañana.
- **c** Me ______ (gustar) ir al gimnasio todas las tardes.
- **d** Cuando ______ (empezar) a estudiar en la universidad, ______ (tener) veinte años.
- **e** Mi rutina diaria no ______ (cambiar) cuando ______ (casarse) con Lola.
- **f** Yo ______ (estudiar) Medicina porque ______ (querer) trabajar en el hospital.

2 Turn these sentences into indirect speech.

- **a** "El lunes me acosté a las diez." –dijo Alicia.
- **b** "Cuando tenía veinte años, era una persona muy organizada." –dijo él.
- **c** "Por las mañanas, me levantaba, me duchaba, desayunaba e iba a la universidad" –dijo ella.
- **d** "Mi vida cambió cuando empecé a trabajar en el banco." –dijo Mario.
- **e** "En el dos mil cuatro, vivía en Tenerife con mi familia." –dijo Alejandro.
- **f** "Terminamos la carrera de Informática en el dos mil tres." –dijeron ellos.

3 Now turn these sentences into direct speech.

- **a** Ella me dijo que no bebía alcohol cuando era más joven.
- **b** Juan le dijo a María que no fumaba.
- **c** Él dijo que le encantaba practicar kárate en aquellos días.
- **d** Ellos dijeron que los domingos por la tarde ensayaban con su grupo.
- **e** Ella dijo que cuando terminó sus estudios todavía seguía fumando.
- **f** Él me dijo que la chica que conoció en su cita a ciegas se llamaba Marisol.

4 Translate the following statements into Spanish.

- **a** She thought my name was Luis.
- **b** I said that they started going to the gym when they finished their exams.
- **c** I thought that you were a responsible person, but I was wrong.
- **d** She said that her degree was very difficult.
- **e** At that time, he smoked twenty cigarettes a day.
- **f** When I was twenty years old, I started practising yoga.

Vocabulario

1

científico/a	scientific
dejar de	to give up
emborracharse	to get drunk
inmediatamente	immediately
pasar	to happen
peligrosamente	dangerously

2

cantina (f)	canteen
clase (f)	lesson
cumpleaños (m, sing)	birthday
fiesta (f)	party
graduación (f)	graduation
mayor	old
piso (m)	flat
primero/a	first
recordar	to remember
solo/a	alone
tener la tarde libre	to be free in the evening

3

compañero (m) de piso	flatmate
cosa (f)	thing
cumplir x años	to turn x years old
desayunar	to have breakfast
extrovertido/a	outgoing
juntos	together
levantarse	to get up
millonario/a	millionaire
reír	to laugh
vestirse	to get dressed

4

abstemio/a	teetotal
agradable	nice
ciencias (f, pl) de la información	journalism
cita (f) a ciegas	blind date
engancharse	to get hooked on

5

asesino (m)	murderer
asustarse	to be scared
ataque (m) al corazón	heart attack
bajar las escaleras	to go downstairs
bosque (m)	forest
buscar	to look for
desde que	since
forense	forensic
frigorífico (m)	fridge
fugarse	to get away
gritar	to shout
matar	to kill
médico (m)	doctor
morir	to die
nadie	nobody
oscuro/a	dark
psiquiátrico	psychiatric
reacción (f)	reaction
resolver	to solve
sonar a	to sound like
tener hambre	to be hungry
terminar	to finish

6

confesar	to confess
en directo	live
entrevistar	to interview
público (m)	audience

7

alumno/a (m/f)	pupil
amenazar	to threaten
aula (f)	classroom
aumento (m)	increase
eliminar	to get rid of
enseñanza (f)	teaching
medida (f)	condition
obesidad (f)	overweight
propuesta (f)	proposal
provocar	to cause
ritmo (m)	speed
tasa (f)	rate

Práctica en parejas

1 You are going to try to find out as much information as possible about your partner's first best friend or someone else they remember well from their past. Ask questions to fill in the form.

> **DATOS PERSONALES**
>
> Nombre: ....
>
> Edad: ....
>
> Dirección: ....
>
> Número de teléfono: ....
>
> Estado civil: ....
>
> Características personales: ....
>
> **FORMACIÓN ACADÉMICA**
>
> ....
>
> **AFICIONES**
>
> ....
>
> ....
>
> ....

2 Your partner lived in a Latin American country for a year. Ask him/her questions to find out the following information.

- what country it was
- why he/she went there
- what he/she was doing over there
- what his/her daily routine was
- what he/she used to do in his/her free time
- why he/she came back

3 You went to Spain last year. Read the information in the box and answer your partner's questions.

> Valencia, exchange as an Erasmus student, learnt Spanish grammar and literature at university, lessons started at 9.30 am and finished at 2.00 pm with two breaks at 11.00 am and 12.55 pm.
>
> Studied Mon to Fri. At weekends, worked in a restaurant. One-year programme.

Práctica en parejas

1 Who was your first best friend or someone else you remember well from your past? Try to remember the following information about him/her. Your partner is going to try to find out as much information about him/her as possible. Answer his/her questions.

- name
- age at that time
- address
- telephone number
- marital status
- personal characteristics
- education/qualifications
- favourite pastimes/hobbies

2 You went to Latin America last year. Read the information in the box and answer your partner's questions.

> Brazil, got a job as a teacher at the university, taught English as a foreign language, lessons started at 9.00 am and finished at 3.00 pm with a break at 12.30 pm.
>
> Worked Mon to Fri. At weekends, beach parties and football matches. Contract for one year only.

3 Now you find out more about your partner's year abroad. Ask them questions to find out the following information.

- what country it was
- why he/she went there
- what he/she was doing over there
- what his/her daily routine was
- what he/she used to do in his/her free time
- why he/she came back

In this unit you will learn how to give and understand instructions and directions in different contexts, how to soften an instruction so that it sounds less severe, and when and how to use conditional sentences.

1 El guía turístico (1ª parte)

Escucha y rellena los huecos con los imperativos formales que aparecen más abajo.

Guía turístico: Buenas tardes, señoras y señores. Les habla José Martínez en nombre de Viajes Valgamé. Caminen, caminen, caminen...

Turista 1: Pero...

Guía turístico: Síganme. Bien, **a** ______ a la derecha ahora y delante de ustedes encontrarán la Plaza de la Catedral. La catedral data del siglo XIII después de Cristo... creo, no sé, no estoy seguro pero es divina. **b** ______ la plaza y **c** ______ todo recto hasta el final de esta avenida y miren a la derecha. Delante de ustedes está la primera plaza de toros de España. Como ven es redonda, grande y muy antigua. Sigamos. **d** ______ la vuelta a la plaza y **e** ______ la segunda calle a su izquierda, **f** ______ todo recto hasta el Banco de España y detrás está la Plaza del Cardenal Verruga. **g** ______ y **h** ______ que todavía falta mucho.

Turista 1: Pero...

Guía turístico: ¡**i** ______ por la Calle de Piedra, caminen cien metros y **j** ______ a la derecha en la esquina del Edificio Victoria. Allí verán el Bar Tolo, famoso por su cocina variada. **k** ______ unas tapas, **l** ______ deprisa, **m** ______ y **n** ______ al autobús.

Turista 1: Pero...

Guía turístico: ¡Ay! Pero ¿qué...? [Continuará...]

2 El guía turístico (2ª parte)

a Escucha otra vez el episodio del guía turístico e inventa un final para la historia.

Por ejemplo: *Guía turístico: ¡Ay! Pero ¿qué...?*

Turista 1: Pero, es que...

b A continuación, escucha la versión del guía turístico. ¿Coincide con tu final de la historia?

gramática

<u>**El imperativo formal**</u> <u>(plural)</u> NOTE **-ar** verbs take **-en** ending, **-er**/**-ir** verbs take **-an** ending

caminar	**caminen**	walk	**pagar**	**paguen**	pay
comer	**coman**	eat	**pedir**	**pidan**	order
cruzar	**crucen**	cross	**seguir**	**sigan**	go straight on, continue
dar (la vuelta)	**den**	go round			
girar	**giren**	turn	**tomar**	**tomen**	take
mirar	**miren**	look	**volver**	**vuelvan**	go back

3 ¿Dónde es la fiesta?

Lee las indicaciones atentamente y traza una línea en el mapa desde donde están los invitados hasta el lugar donde se celebra la fiesta.

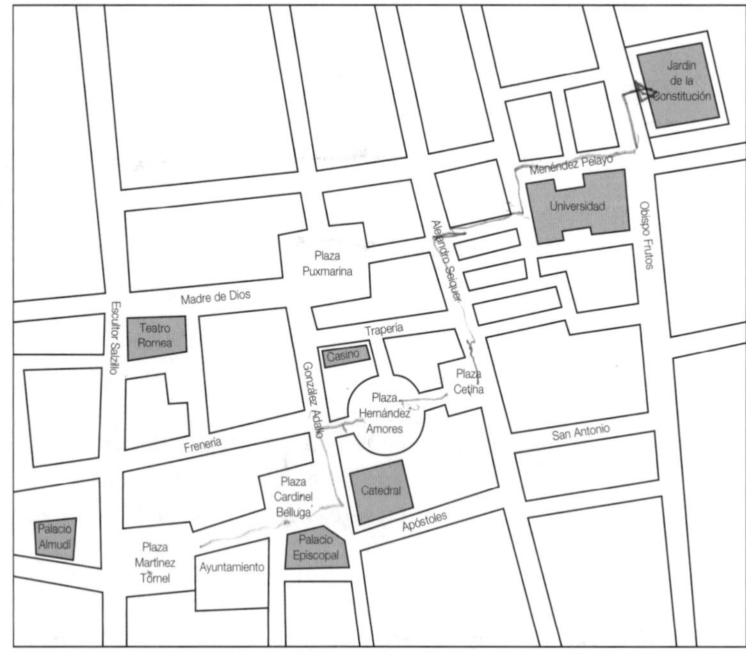

En la Plaza Martínez Tornel, seguid recto hasta la Plaza del Cardenal Belluga. Girad a la izquierda y después a la derecha para llegar a la Plaza Hernández Amores. Seguid recto hasta la Plaza Cetina. Allí, girad a la izquierda y tomad la cuarta calle a la derecha. Al final de la calle, veréis la universidad. Girad a la izquierda y luego a la derecha y seguid todo recto por Menéndez Pelayo hasta llegar a la calle Obispo Frutos. Girad a la izquierda y a pocos metros encontraréis el Jardín de la Constitución. Es el edificio "Mediterráneo", número 8, primer piso C.

4 Un atajo

Intenta encontrar una forma más directa y más rápida de llegar a la fiesta. Comenta tu propuesta con tu compañero/a.

gramática

El imperativo informal (plural)

Replace the final **-r** of the infinitive with a **-d**.

cruzar	**cruzad**	to cross	**mirar**	**mirad**	to look
girar	**girad**	to turn	**seguir**	**seguid**	to go straight on

5 ¡Olé tu texto!

a Quieres enviar un mensaje de texto desde tu móvil. Lee el texto e intenta completar las instrucciones en estilo informal y en singular.

Si quieres enviar mensajes de texto desde tu teléfono móvil, escucha atentamente. En primer lugar, **i** ______ la tecla asterisco. Después, **ii** ______ la opción "Mensaje de texto" en el menú de tu móvil. A continuación, **iii** ______ asterisco otra vez y **iv** ______ tu mensaje pero, **v** ______ que solamente puedes escribir un máximo de 140 caracteres. Cuando termines de escribir el mensaje, **vi** ______ asterisco una vez más y **vii** ______ la opción "Enviar" en el menú. Ahora simplemente **viii** ______ el número de teléfono al que quieres enviar tu mensaje. **ix** ______ pacientemente unos segundos hasta que aparezca el mensaje "Olé tu texto". Entonces, **x** ______ la tecla 3.

escribir	esperar	marcar	pulsar	recordar	seleccionar

b Ahora escucha la grabación y comprueba tus respuestas.

6 Menú de opciones

Estas son algunas de las opciones disponibles en el teléfono móvil de Colophone. Por turnos, intentad explicar cómo funciona cada una.

- Leer mensajes de texto
- Buzón de voz
- Despertador
- Agenda

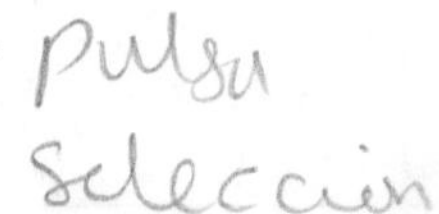

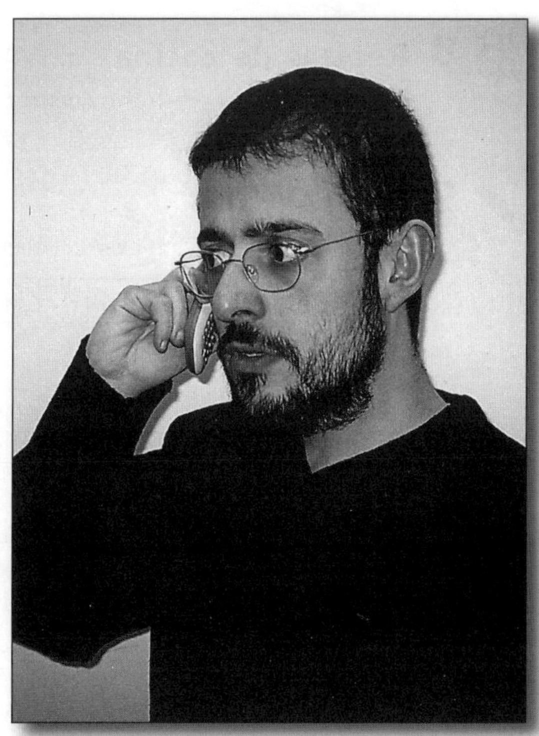

7 Un plato típico español

Lee la receta de la tortilla de patatas con tu compañero/a y ponla en el orden correcto.

a Por último, cuando esté dorada, sácala de la sartén y ponla en un plato.

b Córtalas en rodajas finas.

c Después, calienta la sartén con un poco de aceite solamente y echa la mezcla.

d Bate seis huevos en una fuente con un poco de sal.

e No olvides añadir un poco de sal.

f Primero, pela seis patatas.

g Ahora fríe la tortilla por un lado primero. Después pon un plato encima, dale la vuelta a la tortilla y fríe el otro lado.

h Coge la sartén, echa un poco de aceite de oliva y caliéntalo al fuego.

i Cuando estén bien fritas, sácalas del aceite y mézclalas con el huevo.

j Después, pela una o dos cebollas y córtalas en trozos pequeños.

k Cuando el aceite esté caliente, fríe las patatas y la cebolla a fuego lento.

añadir	to add	**echar**	to put in
batir	to whisk	**freír**	to fry
calentar	to heat (up)	**pelar**	to peel
coger	to take	**poner**	to put
cortar	to cut	**mezclar**	to mix
dar la vuelta	to turn over	**sacar**	to take out

8 Recetas de cocina

Trabajad en grupos de tres o cuatro personas. Cada uno explica cómo se prepara un plato típico de su país.

9 La publicidad

Escucha estos anuncios y rellena el cuadro con la información necesaria.

Producto	Funciones	Otras características

10 En el centro de salud

Lee las recomendaciones del centro y busca su equivalente en inglés.

1 Si necesitas ver al doctor, pide cita.

2 Si es urgente, por favor, siéntese y espere pacientemente.

3 ¡Si no sangra, no despierte a la enfermera!

4 Si no puedes acudir a la cita, por favor, llama con antelación para cancelar.

5 Si vas a viajar al extranjero, vacúnate.

6 Si necesita información sobre la gripe, consulte a la enfermera.

7 ¡Si va a desmayarse, avise a la enfermera al menos con quince minutos de antelación!

a If you need information about the flu, please talk to the nurse. 6.

b If you cannot keep your appointment, please call in advance to cancel. 4.

c If it is an emergency, please sit down and wait patiently. 2.

d If you need to see your doctor, make an appointment. 1

e If you are travelling abroad, get vaccinated. 5

f If you are not bleeding, do not wake up the nurse! 3.

g If you are going to faint, let the nurse know at least fifteen minutes in advance! 7.

gramática

Oraciones condicionales / If…

Informal

Si necesitas ver al doctor, pide cita.

Si vas a viajar al extranjero, vacúnate. Tu form.

Formal usted form.

Si va a desmayarse, avise a la enfermera.

Si no sangra, no despierte a la enfermera.

Si necesita información sobre la gripe, consulte a la enfermera.

11 Instituciones públicas

Con tu compañero/a, escribe una lista de recomendaciones típicas que encontrarías en los siguientes centros públicos.

Por ejemplo: Si necesitas alojamiento, habla con la señorita Pérez.

- Una agencia inmobiliaria
- Una empresa de trabajo temporal
- El despacho de tu profesor de español

Si necesitas…	Si es urgente…
Si no puedes…	Si vas a…

12 Si sois supersticiosos, tendréis mala suerte siempre

a Lee este folleto con tu compañero/a y encuentra los cinco errores.

Por ejemplo: *Si rompes un espejo, serás una persona egocéntrica toda tu vida.*

Supersticiones

Las supersticiones son simplemente creencias extrañas a la religión que se remontan al amanecer de los tiempos. Han sobrevivido miles de años porque el hombre las necesita para explicar lo que su limitada mente no comprende. Debido a esas extrañas creencias, muchas personas tienen miedo a las escaleras, a los gatos negros o al número trece.

Conozco una superstición que dice que si rompes un espejo, serás una persona egocéntrica toda tu vida. También recuerdo otra superstición que dice que si un gato negro se cruza en tu camino, ganarás la lotería. ¿Quién no conoce esa superstición que afirma que si abres un paraguas dentro de tu casa suspenderás los exámenes?

Junto a las supersticiones encontramos también las tradiciones. Hay una famosa tradición que dice que si pasas debajo de una escalera, tendrás muy buena suerte. Y, según otra tradición, la gente que encuentra un trébol de cuatro hojas, tendrá muy mala suerte. Por último, no olvidéis que si os casáis en martes 13, seréis muy felices en vuestro matrimonio.

b Ahora escribe con tu compañero/a la versión correcta de las falsas supersticiones.

Por ejemplo: Si rompes un espejo, tendrás siete años de mala suerte.

13 Supersticiones y tradiciones populares

En grupos de tres, contestad estas preguntas en español.

- ¿Cuántas de las supersticiones o tradiciones de la sección anterior existen en tu país?
- ¿Recuerdas alguna superstición típica de tu país? ¿Cuál?
- ¿Conoces alguna tradición diferente a las del texto? ¿Cuál?
- ¿Crees en la supersticiones? ¿Por qué?
- ¿Tienes miedo a alguno de los elementos mencionados en el texto?

¡Extra!

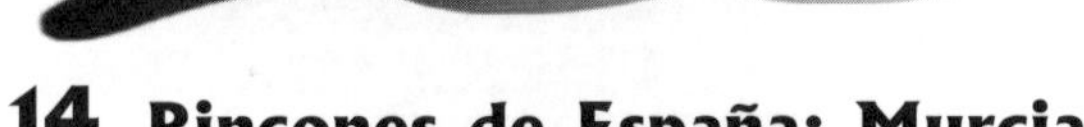

14 Rincones de España: Murcia

Listen to the commentary about the city of Murcia in the southeast of Spain. Jot down the names of all the tourist places mentioned, plus any item of information about each of them.

Lugar	Información
Palacio Episcopal	Un palacio construido en 1748. Está cerca de la Catedral.
Catedral	La primera piedra se puso en 1388, la colocó el obispo Pedrosa. Tardaron cuatro siglos en completarla.
Palacio Almudí	Data del año 1602. Antiguamente se almacenaba el maíz. Actualmente es el centro de arte y donde se guardan los archivos de la ciudad.
El Teatro Romea	Construido en el siglo XIX. Abrió sus puertas por primera vez en el año 1862. Sufrió dos incendios importantes. Uno en el 1877 y otro en 1899.

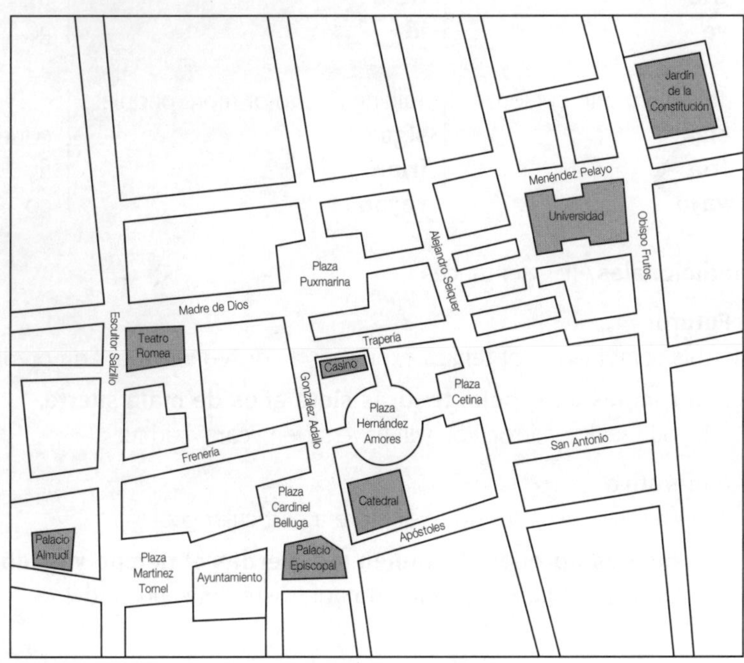

Gramática

El imperativo

The imperative is used to give instructions or make firm suggestions. It can be either formal or informal.

– **Imperativo afirmativo** (informal)

	Talking to one person:	Talking to two or more people:	
cruzar	**cruza**	**cruzad**	cross
volver	**vuelve**	**volved**	go back
subir	**sube**	**subid**	go up

– **Imperativo afirmativo** (formal)

	Talking to one person:	Talking to two or more people:	
cruzar	**cruce**	**crucen**	cross
volver	**vuelva**	**vuelvan**	go back
subir	**suba**	**suban**	go up

To give negative instructions the present subjunctive is used (see Resumen gramatical, p. 152).

Imperativos irregulares

(informal)	Talking to one person:	Talking to two or more people:	
seguir	**sigue**	**seguid**	continue
freír	**fríe**	**freíd**	fry
ir	**ve**	**id**	go

(formal)	Talking to one person:	Talking to two or more people:	
seguir	**siga**	**sigan**	continue
freir	**fría**	**frían**	fry
ir	**vaya**	**vayan**	go

Oraciones condicionales/ If… sentences

– **Presente – Futuro:**
As in English, this combination of tenses expresses a consequence or firm prediction.

Por ejemplo: **Si rompes un espejo, tendrás siete años de mala suerte.**
If you break a mirror, you will have seven years' bad luck.

– **Presente – Imperativo:**
This combination tells you what to do to achieve a particular goal.

Por ejemplo: **Si quieres aprobar el examen, no pierdas el tiempo y estudia.**
If you want to pass the exam, do not waste time and study!

Ejercicios de gramática

1 Complete the following sentences with an appropriate verb in the imperative.

a Si necesitáis llamar a información, ______ 1-1-8-1-8. (marcar)
b Si vais a preparar un batido, ______ leche, azúcar y fruta fresca. (comprar)
c ______ a la derecha y verás la catedral. (girar)
d Cuando la pantalla esté en blanco, ______ tu mensaje. (escribir)
e Si no puedes ver al dentista, ______ la cita. (cancelar)
f En caso de duda, ______ a la enfermera. (consulta)

2 Write the following instructions in a formal version.

Por ejemplo: Escribe un mensaje de texto.

Escriba un mensaje de texto.

a Pulsa el botón para abrir la puerta.
b Para hablar con la policía, marca el 091.
c Por favor, no fumes en el hospital.
d Deja tu mensaje después de la señal.
e Respira profundamente, cuenta hasta cinco y abre los ojos.

3 Complete the grid.

Infinitivo	Imperativo formal affirmative	Imperativo informal affirmative
pelar		
	corte	
freír		
		añade
comprar		

4 Choose the right tense.

Por ejemplo: *Si te duele la cabeza toma/tomarás una aspirina.*

a Si no bebes alcohol en exceso, nunca ten/tendrás resaca.
b Si estudias mucho, apruebas/aprobarás el examen de español.
c Si bebes alcohol, no conduzcas/no conducirás.
d Si viajas al extranjero, vacúnate/te vacunarás.
e Si no fumas, vive/vivirás más años.

Vocabulario

El vocabulario para las secciones **12** (continuación) y **Ejercicos de grámatica** aparece en el apéndice de la pagina 193.

1

antiguo/a	old
caminar	to walk
creer	to think, to believe
dar la vuelta	to go round
datar	to date
delante de	in front of
deprisa	fast
detrás	behind
edificio (m)	building
en nombre de	on behalf of
esquina (f)	corner
faltar mucho	to be a long way
hasta el final de	to the end of
plaza (f)	square
plaza (f) de toros	bullring
seguir recto	to go straight on
tomar	to take

2

cajero (m) automático	cash point
hacer cola	to queue

3

indicaciones (f, pl)	directions
invitado (m)	guest
piso (m)	floor

4

atajo (m)	shortcut

5

aparecer	to appear
enviar	to send
esperar	to wait
marcar	to dial
mensaje (m)	message
pulsar	to press
recordar	to remember
seleccionar	to select
tecla (f)	button

6

agenda (f)	diary
buzón (m) de voz	voicemail
disponible	available
por turnos	in turns
funcionar	to work
despertador (m)	alarm clock

7

cebolla (f)	onion
fino/a	thin
fuego (m)	fire, hob
fuente (f)	bowl
lado (m)	side
lento/a	slow
mezcla (f)	mix
plato (m)	plate
rodaja (f)	slice
sartén (f)	frying pan
trozo (m)	piece

9

ama (f) de casa	housewife
batido (m)	shake (drink)
batidora (f)	blender
congelar	to freeze
descongelar	to defrost
microondas (m)	microwave
poderoso/a	powerful
verdura (f)	vegetable

10

acudir a la cita	to keep your appointment
avisar	to warn
cancelar	to cancel
consultar	to talk to
de antelación	in advance
desmayarse	to faint
despertar	to wake up
extranjero (m)	abroad
gripe (f)	flu
llamar	to call
pedir cita	to make an appointment
sangrar	to bleed
vacunarse	to get vaccinated
ver	to see

12

abrir	to open
afortunado/a	lucky
amanecer (m)	dawn
camino (m)	path
casarse	to get married
creencia (f)	belief
debido/a	due to
escalera (f)	ladder/stairs

Práctica en parejas

1 Choose one of these activities and ask your partner how to do it.

- usar tu cafetera
- comprar un libro en internet
- hacer puenting
- preparar un bocadillo de jamón

Por ejemplo: **A** ¿Cómo se fríe un huevo?
B Coge una sartén…

cafetera	coffee machine
puenting	bungee jumping

2 Now give your partner some useful instructions for what they need to do.

cambiar un pañal	change a nappy
descargar un fichero	download a file
usar un cajero automático	use a cashpoint
ver televisión por cable	watch cable tv

Práctica en parejas

B

1 Your partner needs help. Find out what they want to do and explain to them how to do it.

Por ejemplo: **A** ¿Cómo se fríe un huevo
B Coge una sartén…

cafetera	coffee machine
puenting	bungee jumping

2 Now choose one of these activities and ask your partner for help.

- cambiar el pañal a un bebé
- usar un cajero automático
- descargar un fichero MP3 de internet
- ver televisión por cable

cambiar un pañal	change a nappy
descargar un fichero	download a file
usar un cajero automático	use a cashpoint
ver televisión por cable	watch cable tv

6 Quiero que me digas la verdad

In this unit you will learn to express doubts, wishes and uncertainties. You will also become familiar with some new vocabulary related to student and academic life.

1 Los autores

a Relaciona las frases de la columna de la izquierda con su equivalente en inglés.

1	Quiero que nuestro libro progrese.	**a**	How are things going?
2	Quiero que vengas a mi casa.	**b**	To have tea.
3	Tomar el té.	**c**	I don't want you to suffer.
4	Espero que podamos preparar el material.	**d**	I want you to tell me the truth.
5	¿Cómo va eso?	**e**	I want our book to progress.
6	No quiero que sufras.	**f**	I want you to come to my place.
7	Espero que te guste.	**g**	I hope the students learn.
8	Quiero que me digas la verdad.	**h**	I hope you like it.
9	Espero que los estudiantes aprendan.	**i**	I hope we can prepare the material.

Espero que… Quiero que…

b Ahora escucha a Gabriel y a María hablando sobre el libro de español que están escribiendo.

Gabriel: Hola, María. ¿Tienes tiempo para hablar del libro ahora?

María: No, no mucho. Tengo muchas clases hoy. ¡Pero también quiero que nuestro libro progrese! ¿Cómo va eso?

Gabriel: Pues, mira, pienso dedicar todo el fin de semana a terminar mi unidad, excepto el sábado por la tarde. Quiero que vengas a mi casa a tomar el té, y espero que podamos preparar el material para la próxima unidad.

María: Me parece bien, pero yo no tomo té, Gabriel, eso es cosa de ingleses.

Gabriel: Es que a mí me gusta mucho. Entonces, ¿prefieres tomar café o mate?

María: ¿Mate? No es posible… Quiero que me digas la verdad: ¿hay mate en tu casa?

Gabriel: Bueno en realidad, no… pero lo he visto en una tienda. Es de Brasil, espero que te guste.

María: Sí… Ojalá no sea muy diferente al mate argentino.

Gabriel: Oye, esto del mate me da una idea. Me gustaría incluir más palabras regionales en nuestros vocabularios. ¿Tú que piensas?

María: ¡Perfecto! Sólo espero que los estudiantes las aprendan. Y ¡ojalá les guste a los profesores también!

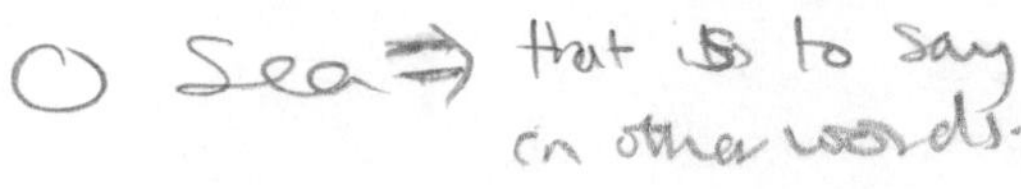

c Escribe una lista de las oraciones que se refieren a hechos reales (**i**), y otra de las que se refieren a hechos posibles que todavía no han ocurrido (**ii**).

Por ejemplo: **i** Tengo muchas clases. / Lo he visto en una tienda.
ii Quiero que vengas. / Espero que los estudiantes aprendan.

gramática

Quiero / Espero + *infinitivo:*	**Quiero que / Espero que** + *subjuntivo:*
Quiero terminar.	I want to finish.
Quiero que termin<u>es</u>.	I want <u>you</u> to finish.
Espero aprender.	I hope to learn.
Espero que los estudiantes aprend<u>an</u>.	I hope <u>the students</u> learn.

NB When expressing hopes and wishes, if there is a second subject and verb in the sentence, the latter must be in the subjunctive. See Resumen gramtical page 156.

2 Soñar no cuesta nada

Piensa en estas situaciones y contesta a las preguntas.

Por ejemplo: Luisito come su hamburguesa, pero no sus judías. ¿Qué dice su madre?
Quiero que comas tus verduras.

a Mariana no ha hecho la compra y está muy cansada. ¿Qué pregunta Pedro?
b Hemos comprado un regalo para mamá. ¿Qué esperamos?
c Estamos de vacaciones con los Pérez, pero ellos no tienen dinero. ¿Qué quieren los Pérez?
d Conocí a un chico fantástico, y me pidió mi número. ¿Qué espero?

hacer	pagar	llamar	gustar	estudiar

gramática

<u>Present subjunctive:</u>

There are two regular patterns: one for **-ar** verbs and one for **-er** and **-ir** verbs. See the table on page 158. What do you notice about the endings?

A few irregular verbs to note: **ir** – **vaya** / **venir** – **venga** / **decir** – **diga** / **poner** – **ponga**
tener – **tenga** / **hacer** – **haga** / **traer** – **traiga**

3 ¿Qué esperan los profesores?

a Elabora unas oraciones de acuerdo al modelo, usando elementos de cada lista.

Por ejemplo: *El profesor quiere que los estudiantes aprendan español.*

		llegar	mensajes de texto
	los estudiantes	usar	cartas de amor
El profesor quiere que		charlar	los verbos
El profesor no quiere que	nosotros	aprender	los deberes
		escribir	el teléfono en clase
	yo	mandar	español
	el estudiante	dormir	con los compañeros
		hacer	tarde
		hablar	en clase

b Habla con tu compañero/a sobre la clase de español, ¿Qué quieren los alumnos?

Por ejemplo: *Los alumnos quieren que el profesor traiga películas españolas a la clase.*

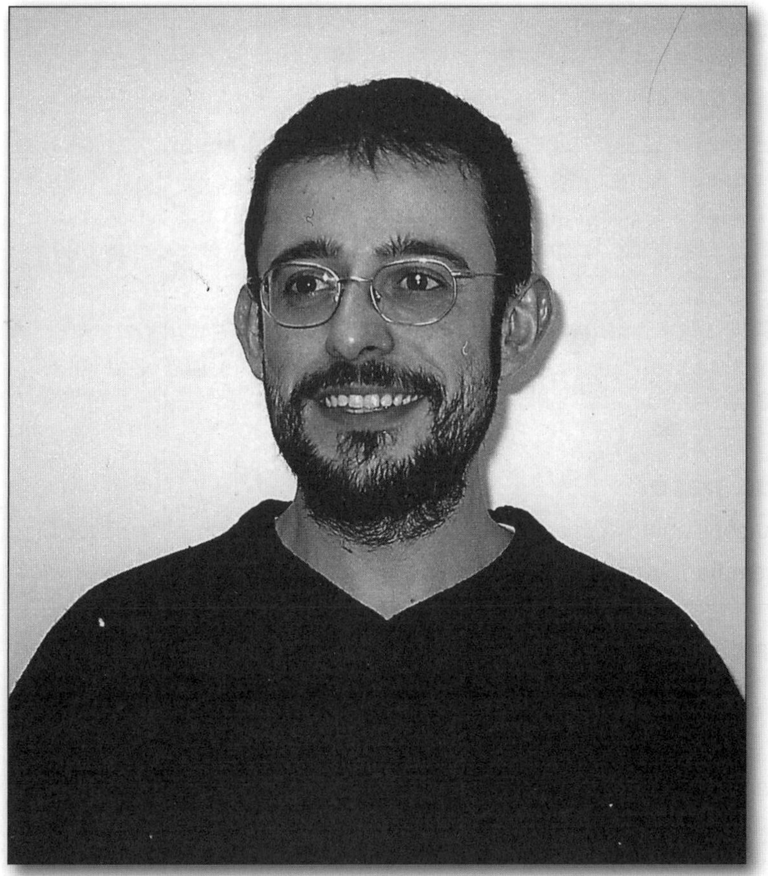

Gabriel Sánchez-Sánchez

4 Trabajo de grupo

Elena y Santiago están esperando a Daniela en casa de Elena para trabajar en un proyecto del curso.

Haz una lista de las posibles causas de que Daniela llegue tarde y di si el verbo de la frase está en subjuntivo o indicativo.

Santiago: Bueno, ¿y dónde está Daniela? No podemos empezar sin ella.
Elena: Pues no sé: creo que tomó nota de la hora y el día.
Santiago: Quizás esté equivocada y piense que nos reunimos en la universidad.
Elena: O a lo mejor su tren se ha retrasado.
Santiago: ¡A ver si se ha olvidado!
Elena: No puede ser, este proyecto es muy importante, ¡no creo que se olvide!
Santiago: Puede que no quiera trabajar más. Como sacó una mala nota en el último examen, seguramente piensa que ya no vale la pena hacer nada.
Elena: Pero Daniela es muy responsable, no creo que abandone el proyecto sin decir nada. Probablemente esté enferma. ¿Quieres que la llame?
Santiago: No, es mejor que vayamos a su casa. Puede que todavía esté durmiendo.
Elena: Está bien, no te enfades. Estoy segura de que la encontraremos.

gramática

Subjunctive or not?

Subjuntivo
Es mejor que... + *subjuntivo*
Puede que... + *subjuntivo*
No creo que... + *subjuntivo*
No estoy seguro/a de que... + *subjuntivo*

Indicativo
A lo mejor... + *indicativo*
A ver si... + *indicativo*
Creo que... + *indicativo*
Estoy seguro de que... + *indicativo*

Indicativo / Subjuntivo
Quizás... Probablemente... Seguramente...
Use the subjunctive to emphasise uncertainty: see Gramática page 68.

5 ¿Que pasó?

Con tu compañero/a, imagina qué puede haber pasado en estas situaciones.

Por ejemplo: Tu novio/a no contesta a tus llamadas y emails.
Quizás esté enfermo/a.

a Llegas a la estación y no hay trenes.
b La clase es a las 10. Son las 10.20 y la profesora todavía no ha llegado.
c Estás navegando y la conexión a internet se corta.
d Tu amigo dice que no cuando sugieres ir al bar esta noche.
e Llegas a tu casa y encuentras la puerta abierta.
f Bajas a desayunar. ¡El bote de café está vacío!
g Estás en casa y oyes un ruido estruendoso en la calle.
h El ordenador no te permite enviar emails.

6 Consejos y recomendaciones

Escucha a esta profesora hablando de sus estudiantes, y contesta a las preguntas.

a ¿Por qué estaba estresada Ilenia?
b ¿Qué hizo?
c ¿Qué descubrió Noemí cuando volvió a casa?
d ¿Por qué no tiene idea Nikolausz de los temas del examen?
e ¿Cómo pudo quedarse despierto Alex?

7 Consejos a los estudiantes

Siguiendo con el tema del ejercicio anterior, trabaja con tu compañero/a y escribe algunos "Consejos a los estudiantes" para un folleto del Sindicato de Estudiantes. No olvides usar el subjuntivo.

Por ejemplo: En época de exámenes, es mejor que no tomes mucho café.

Consejos a los estudiantes

Es mejor que…
Es importante que…
Es esencial que…
Es aconsejable que…

8 Trabajando en grupos

Si tienes que trabajar en grupo, ¿cómo esperas que actúen tus compañeros?

Por ejemplo: *Quiero que mis compañeros lleguen a tiempo.*
Es importante que traigan sus apuntes.

9 Dudas y deseos

Escucha estos diálogos e indica si las afirmaciones son verdaderas (V) o falsas (F). Luego, corrige los errores.

a Se encontrarán a las 8.
b Las dos personas quieren saber sus notas.
c El atleta no tiene mucha confianza en sí mismo.
d El estudiante no puede ver la película mañana.
e Javi llevará el paraguas.
f A Carmen no le gusta el chico del otro día.
g No hay prisa, el informe puede terminarse mañana.
h El viajero quiere un billete de primera clase.
i El candidato puede traer fotocopias de sus títulos.
j Miguel dice que el programa de mañana aún no está listo.

10 Consejos a los turistas

a Lee este texto y subraya los consejos a los turistas. Busca las palabras desconocidas en el diccionario.

Si va a América Central, le aconsejamos que empiece su viaje en Guatemala, donde podrá visitar los monumentos arqueológicos de Tikal y Copán, extraordinarios y misteriosos testimonios de la antigua civilización maya. Desde allí es una buena idea que siga hacia el sur del país donde le esperan la capital, Guatemala, y las ciudades de Antigua y Chichicastenango, con su sabor colonial y el encanto de los mercados de artesanía tradicional.

En Nicaragua, le recomendamos que llegue hasta el lago del mismo nombre para admirar los picos volcánicos en su centro. Vale la pena que se levante temprano para ver el espectáculo mágico del amanecer en la orilla del lago.

También podrá disfrutar en este país del encanto de la antigua arquitectura colonial, el legado de España. Es probable que el alojamiento y la comida sean muy baratos, de modo que es una buena idea descansar unos días en la capital, Managua, antes de continuar rumbo a Costa Rica.

¿Sabía usted que el volcán más activo de América Central está en Costa Rica? Se llama Volcán Arenal, y vale la pena que lo vea… a una distancia prudencial.

Otra atracción importante es el Parque Nacional Corcovado, uno de los bosques pluviales mejor conservados de América. Aquí es esencial que contrate a un guía, ya que hay muchas zonas protegidas y de acceso prohibido al turista independiente.

Y luego de tanto esfuerzo, ¿qué mejor que unos días cerca del mar, en el Caribe? Le sugerimos que viaje hasta Bocas del Toro, en Panamá, una playa espectacular frecuentada por turistas jóvenes y aventureros.

Es muy posible que éste sea el final perfecto de un viaje maravilloso.

Una última recomendación: es necesario que aprenda un poco de español antes de partir. ¡No hay mucha gente que hable inglés fuera de los centros urbanos!

b Ahora escribe un texto similar con recomendaciones para un amigo que viaja por primera vez a tu país.

Escena de Guatemala

¡Extra!

11 Mi casa ideal

Varias personas describen su casa ideal. Escucha y completa el cuadro.

	Dónde	Cómo sería	Qué haría
Lucas			
Jenna	X	X	
Roberto			
Daniela			

12 El restaurante

Alan no sabe hablar español y quiere que tú llames al restaurante para asegurarse de que todo salga perfecto esta noche cuando lleve a su novia allí. Aquí están las notas que te ha dejado.

Please ring the restaurant.

Say that I have a reservation for tonight.

Check that we will have the table near the window with a view of the bay.

Make sure that there will be candles on the tables, but not flowers, as my girlfriend is allergic to them.

Ask them if it is possible that they play romantic music towards the end of the meal.

Say that I want them to bring the champagne only if they see her putting on a diamond ring.

a Escribe en español las frases que debes decir cuando llames al restaurante.

b Habla con tu compañero/a: uno de vosotros es el dueño del restaurante y el otro es el amigo de Alan. Luego cambiad de roles, y repetid el diálogo.

Gramática

- **The present subjunctive**

The subjunctive expresses doubts, wishes and uncertainties. You use it after expressions meaning 'perhaps', 'possibly', 'probably' if you want to stress the uncertainty.

-ar	**-er** and **-ir**
hable	**describa**
hables	**describas**
hable	**describa**
hablemos	**describamos**
habléis	**describáis**
hablen	**describan**

This elegant pattern is a reversal of those of the normal present tense (called technically the *indicative*). See Gramática pages 156–8.

- **Indirect object pronouns**

Among other things they give the recipient of an action. Indirect objects occur after verbs such as 'send', 'buy', 'give' where you have a direct object (e.g. 'letter', 'present') and a person who receives it. See Gramática page 92.

me	(to) me
te	(to) you
le, **lo**	(to) him/her/it
nos	(to) us
os	(to) you (plural)
les	(to) them

Por ejemplo: **Quiero que me digas la verdad.**
I want (you) to tell me the truth.
Verb = 'tell' subject = 'you' direct object = 'truth' (not 'me'!)

Es probable que les vendan entradas baratas.
It is probable that (they) will sell them cheap tickets.
Direct object = tickets

- ***Contigo*** / 'With' you

conmigo, contigo
BUT
con él/ella con nosotros con vosotros con ellos/ellas
Es probable que Juan vaya contigo.

Ejercicios de gramática

1 Write the verbs in the correct form.

Si **a** ____ (ir/tú) a la Universidad, es importante que **b** ____ (buscar/tú) un sitio para aparcar cerca de la biblioteca, porque no creo que los otros aparcamientos **c** ____ (estar) abiertos durante las vacaciones. En cambio, es probable que las oficinas **d** ____ (seguir) con su horario normal, y quizás el personal **e** ____ (tener) más tiempo para los visitantes.

2 a Express your good wishes to the following people, using one of these structures.

ojalá + subj. / **espero que** + subj.

Por ejemplo: un amigo sin trabajo
Espero que encuentres trabajo.

i una persona enferma
ii una familia que sale de vacaciones
iii una persona que celebra su cumpleaños
iv un amigo que va a participar en un concurso de televisión.

b Rewrite the following sentences using these structures to indicate doubt:

quizás + subj.
puede que + subj.

i Supongo que iré a la manifestación.
ii Terminaré de pintar la casa este fin de semana: eso espero.
iii Pienso que el examen será fácil, pero no estoy seguro.
iv Encontraré un piso céntrico: soy optimista.
v Ganaré mucho dinero y cambiaré de coche, supongo.

c Rewrite the sentences in the previous exercise so they indicate possibility.

Use: **Es posible que** + subj.
Es probable que + subj.

México

Vocabulario

1

dedicar (a)	to devote (to)
informe (m)	report
mate (m)	mate (South American infusion)
palabra (f)	word
regional	regional

2

judía (f)	bean
verdura (f)	vegetable

3

aprender	to learn
carta (f) de amor	love letter
charlar	to chat
mandar	to send
mensaje (m) de texto	text message

4

olvidar	to forget
retrasarse	to be late
reunirse	to meet, have a meeting
sacar una nota baja	to get a low mark
tomar nota de algo	make a note of something
valer la pena	to be worth it

5

bote (m)	jar
enfermo/a	ill
estruendoso/a	thunderous
navegar	surf the net
permitir	to let
ruido (m)	noise
sugerir	to suggest
vacío/a	empty

6

alterarse	to change
consejo (m)	advice
disco (m)	disk
grabar	to save
tomar el sol	to sunbathe

7

sindicato (m)	trade union

9

caro/a	expensive
carrera (f)	race
confianza (f) en sí mismo	confidence (in oneself)
deseo (m)	wish
duda (f)	doubt
nota (f)	mark
prisa (f)	rush
tablón (m)	noticeboard
título (m)	degree certificate
listo/a	ready

10

aconsejar	to advise
amanecer (m)	dawn
encanto (m)	beauty
fuera	outside
monumento (m)	monument
orilla (f)	shore
partir	to set off
ya que	since

Córdoba

Práctica en parejas

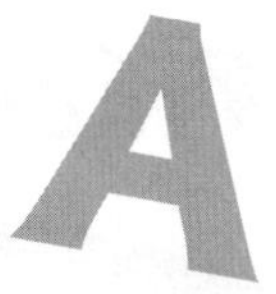

1 Talk to your partner about the layout of the living room in the flat you are sharing. The drawing below shows your preferences, but you may want to add something by using the vocabulary in exercise **2** below. You must reach an agreement!

Por ejemplo: *Es importante que tengamos…*
Probablemente sea mejor que pongamos…

2 Now describe your ideal living room to your partner. Don't forget the colour scheme! You may need some of the following words.

Por ejemplo: *Quiero que la lámpara esté detrás del sillón.*

sillones alfombras cortinas lámparas sofá mesa de ordenador
ventanas armario mesa moqueta estantería

Práctica en parejas

B

1 You are going to discuss the layout of the living room in your flat with your flatmate. The drawing below shows your preferences, but you may want to add something using the vocabulary in exercise **2** below. You must reach an agreement!

Por ejemplo: *Quiero que pongamos la mesa en…*
Para mí es esencial que la mesa esté…

2 Now describe your ideal living room to your partner. Don't forget the colour scheme! You may want to use some of the following words.

Por ejemplo: *Quiero que la lámpara esté detrás del sillón.*

sillones alfombras cortinas lámparas sofá mesa de ordenador
ventanas armario mesa moqueta estantería

In this unit you will learn how to say what you would like to do, give advice and make suggestions. You will also deal with applying for a job and making complaints.

1 Consejos y sugerencias de Matías

Escucha y contesta a las preguntas en inglés.

Lola: Matías, el próximo verano me gustaría viajar a Australia y buscar allí un trabajo.
Matías: ¿Qué tipo de trabajo?
Lola: No estoy segura, pero me encantaría hacer algo creativo.
Matías: Podrías trabajar como peluquera o esteticista.
Lola: ¿Peluquera? Para eso tendría que ser muy paciente con las clientas.
Matías: Y también tendrías que ser una persona extrovertida y eficiente.
Lola: Eso sería esencial.
Matías: Deberías buscar otro tipo de trabajo. ¿Cocinera?
Lola: Preferiría ser secretaria.
Matías: Para eso necesitarías aprender dos o tres idiomas.
Lola: Por supuesto, creo que trabajaría y estudiaría al mismo tiempo.
Matías: Pero tendrías que ser una persona muy organizada y deberías saber hacer café.
Lola: Soy un desastre. Creo que no encontraría trabajo fácilmente.
Matías: Yo podría ayudarte.
Lola: ¿Me ayudarías a encontrar un trabajo?
Matías: No, te enseñaría a hacer café, si quieres.
Lola: ¡Piérdete!

a What would Lola like to do next summer?
b What does Matías suggest first?
c What does he advise her to do if she wants to be a secretary?
d What does he say he could do for her?

gramática

El condicional (see full paradigm in Gramática page 80)

Trabajaría...	I'd work...
Me gustaría...	I'd like to...
Me encantaría...	I'd love to...
Deberías...	You should...
Necesitarías...	You'd need...
Podrías...	You could...
Preferiría...	I'd prefer...
Sería...	It'd be...
Tendrías que...	You'd have to...

2 Ofertas de trabajo

a Lee atentamente las ofertas de trabajo y encuentra estas expresiones.

i Accommodation offered
ii teacher wanted
iii P.R. needed
iv Part-time position
v Permanent position
vi a three-month contract

¿Quieres conocer gente divertida todas las noches? ¿Quieres ser el centro de atención de las fiestas? Si tu respuesta es "sí", ¡enhorabuena! Se requiere DJ para trabajar aquí. 9€ hora. Buenas condiciones de trabajo. Se ofrece alojamiento. Llama hoy mismo al 696 555 888.

Se busca profesor de inglés nativo para dar clases de conversación y repaso a grupos reducidos a tiempo parcial. Se ofrece contrato de tres meses y buen sueldo (1000€ al mes). Interesados/as enviad currículum a la atención del señor Fresón.

¡¡URGENTE!!

Se necesita relaciones públicas. Ofrecemos contrato fijo. ¡Si eres una persona extrovertida y sociable y te gusta trabajar con el público, visítanos! Si quieres más información, por favor, llama al 968 432 234 y pregunta por Mariano.

b Ahora escucha unas ofertas de trabajo en la radio y rellena el cuadro.

Puesto	Personalidad del candidato	Salario	Otras características
Veterinarios	Extrovertidos optimistas.	4 €	trabajo para este verano

3 Personalidades

a Define tu personalidad en un párrafo o dos.

Por ejemplo: *Yo me definiría como una persona inteligente...*

analítico/a	analytical	**idiota**	idiotic	**optimista**	optimistic
constante	reliable	**imaginativo/a**	imaginative	**ordenado/a**	tidy
crítico/a	critical	**innovador/a**	innovative	**paciente**	patient
directo/a	direct	**inseguro/a**	insecure	**realista**	realistic
emocional	emotional	**negativo/a**	negative	**sociable**	sociable
extrovertido/a	extroverted	**observador/a**	observant		

b Ahora, en grupos pequeños, definid vuestra personalidad al resto de la clase.

4 Un test de personalidad

a Coge papel y lápiz y dibuja un gatito.

b A continuación, escucha los resultados del test en el programa de radio del famoso Doctor Moreno.

c Ahora explica a la clase cómo eres según el test.

Por ejemplo: *Según el test, yo tendría que ser una persona…*

5 Otros trabajos

a Aquí tienes una lista de trabajos para estudiantes. Con tu compañero/a, intenta definir cuáles son las características personales y las responsabilidades que requiere cada uno.

Por ejemplo: **A** *¿Qué cualidades debería tener un camarero?*
B *Debería tener buena memoria porque tendría que recordar los pedidos.*

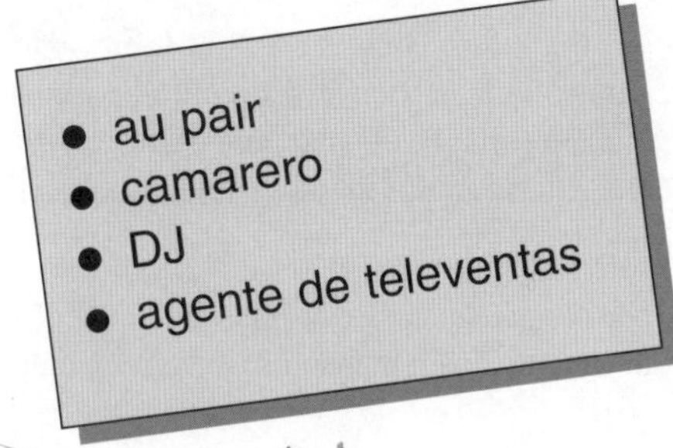

b En pequeños grupos, hablad sobre los trabajos temporales que habéis hecho y escribid las características que requería cada uno.

Por ejemplo: **A** *El verano pasado trabajé de distribuidora de Avón.*
B *¿Qué cualidades debía tener una distribuidora de Avón?*
A *Debía ser sociable, puntual…*

6 ¡Vacaciones!

Piensa en tus próximas vacaciones y escribe un párrafo describiendo lo que te gustaría hacer.

Por ejemplo: En mis próximas vacaciones, me gustaría…

7 Firmes propósitos

En grupos de tres, hablad sobre vuestros planes para el futuro y haced una lista de actividades que os gustaría hacer antes de vuestro próximo cumpleaños.

Por ejemplo: **A** *Antes de mi proximo cumpleaños, me gustaría…*

8 Una carta de presentación

Lee esta carta y completa el currículum adjunto con la información necesaria.

Isabel Sánchez Canut
C/ Remolinos, 7
30008 Murcia

17 de abril

D. Jesús Fresón
Academia Strawberry
Plaza Circular, 7 – 1° D
30005 Murcia

Estimado señor Fresón:

He visto el anuncio en el periódico y me gustaría solicitar el puesto de profesora de inglés. Como puede ver en el currículum adjunto, he estudiado Filología Inglesa en la Universidad de Murcia. También he estudiado inglés en la Escuela Oficial de Idiomas y he obtenido el First Certificate.

Mi experiencia laboral incluye trabajo como recepcionista en el Hotel Pacoche, donde he realizado varias tareas; entre ellas la de atender a los clientes y contestar el teléfono. También he trabajado a tiempo parcial en un bar para pagar mis estudios universitarios. Como profesora de inglés incluiría en mis clases ejercicios de gramática, juegos para afianzar los conocimientos y práctica oral.

Me definiría como una persona trabajadora y responsable. También añadiría que soy muy paciente con los niños, imaginativa para preparar el material y muy optimista en los momentos difíciles.

Si necesita a alguien urgentemente, yo podría empezar a trabajar inmediatamente y ofrecería dedicación completa porque no tengo responsabilidades familiares.

Esperando su respuesta, me despido atentamente.

Isabel Sánchez Canut

DATOS PERSONALES

Nombre: ____________________

Fecha y lugar de nacimiento: 15 de diciembre de 1976, Murcia

Dirección: ____________________

Teléfono de contacto: 968 770 000

Estado civil: ____________________

Características personales: ____________________

FORMACIÓN ACADÉMICA

– ____________________

– Alto nivel de inglés, ____________________

EXPERIENCIA LABORAL

– ____________________

– ____________________

9 Pidiendo trabajo

Elige un anuncio de la sección 2 y escribe tu propia carta de presentación y tu currículum vitae.

10 ¿Te gustaría trabajar en el extranjero?

En grupos pequeños, contrastad vuestras opiniones.

a Para trabajar en un país extranjero, necesitarías saber muchos idiomas.
b Pero si vas a trabajar con otras personas de tu país, no necesitarías aprender el idioma de ese país.
c Para conseguir un buen trabajo, tendrías que tener más formación académica que los nativos.
d Si no tienes mucha experiencia laboral, deberías casarte con una persona nativa.
e También sería necesario que adoptaras las costumbres de ese país.
f Si no encuentras un trabajo que te guste, ¿trabajarías en un hotel o volverías a tu país?

11 La respuesta de la empresa

a Escucha la conversación telefónica entre Isabel y el empresario y contesta a las preguntas en inglés.

i What kind of candidate would they like to employ?
ii What did the employer suggest?
iii What did she say she could/would do?
iv Did she finally get the job?

b Escucha otra vez y haz un resumen de la conversación en español.

12 Servicios del hotel

Escribe el término correcto junto a cada símbolo.

centro minibar junto al mar teléfono piscina pista de tenis televisión bañera radio/hilo musical bar aire acondicionado ducha calefacción central bañera de hidromasaje discoteca lavandería media pensión sala de lectura aparcamiento restaurante habitación individual pensión completa habitación doble cajero automático habitación triple

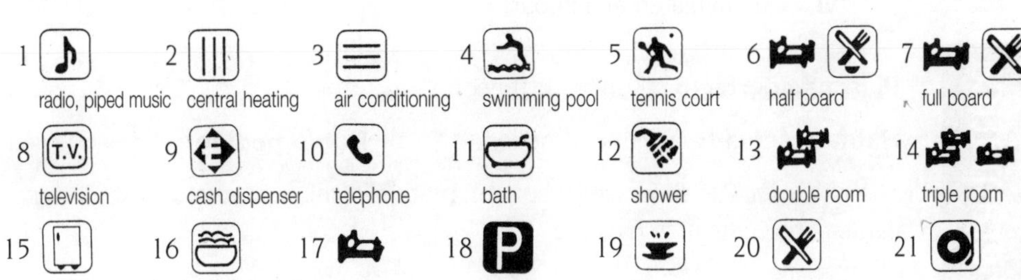

13 ¿Baño o ducha?

Escucha una conversación entre Jorge y su amiga Esther sobre la reserva que él ha hecho. Pon una marca en las casillas correctas.

1	2	3	4	5	6	7	8	9	10	11	12	13	14	15	16	17	18	19	20	21	22	23	24	25
							T.V.										P							

14 El libro de reclamaciones

a A Jorge y a su amiga no les gustó el hotel. Lee atentamente sus comentarios en el libro de reclamaciones.

Gracias a la mala organización de su hotel, estas han sido las vacaciones más horribles de nuestra vida. Nosotros habíamos hecho la reserva con al menos cinco meses de antelación y el recepcionista nos dijo entonces que había muchas habitaciones disponibles. Yo había reservado dos habitaciones individuales para siete noches y al llegar al hotel sólo había habitaciones dobles y triples. Aunque yo había pedido una habitación con bañera de hidromasaje, en nuestra habitación sólo había una ducha. También nos habían dicho que la habitación estaría equipada con televisión pero la nuestra solamente tenía una radio vieja.

Cuando hice la reserva, el recepcionista dijo que el uso de la pista de tenis y de la piscina estaba incluido en el precio pero después nos informó que debíamos pagar un extra.

Afortunadamente, el minibar siempre estuvo lleno de botellas de agua mineral.

Jorge Gurruchaga   25 de agosto de 2005

b Con tu compañero/a, contesta a estas preguntas sobre la reclamación de Jorge.

i ¿Cuándo hizo la reserva Jorge?

ii Cuando hizo la reserva, ¿qué le había comentado el recepcionista sobre las habitaciones?

iii ¿Qué tipo de habitación había reservado él?

iv ¿Qué servicios le habían dicho que encontrarían en sus habitaciones?

v ¿Qué había comentado el recepcionista sobre la pista de tenis y la piscina?

vi ¿Qué había en el minibar?

gramática

Pluscuamperfecto / Pluperfect tense

Había reservado... I had booked...   **Había pedido...** I had asked for...

The pluperfect tense is used when a narrative in the past refers to something even earlier. See Gramática page 80.

c Lee la reclamación otra vez e indica en la segunda fila de la tabla de la seccion 13 qué servicios no estaban disponibles.

¡Extra!

15 Me gustaría pero preferiría...

Escucha atentamente y di si las siguientes afirmaciones son verdaderas (V) o falsas (F).

a Jorge would like to plan their next holidays.
b He suggests visiting China.
c Esther would have to learn Japanese.
d She would prefer to go on safari in Africa.
e He suggests renting a house in the countryside.
f She would need some protection against pollen.
g He'd prefer a beach surrounded by seaweed.
h He advises her not to stay at home.

16 Un email para Andrea

a Lee el email y contesta a las preguntas.

Hola Andrea:
¿Recuerdas que estaba buscando trabajo? ¿Recuerdas que encontré un anuncio de la Academia Strawberry en el periódico? ¿Recuerdas también que quería solicitar ese puesto de profesora de inglés? Pues bien, envié mi currículum y me llamaron para la entrevista. Lo primero que me preguntaron fue si había dado clases alguna vez. Yo les dije que había dado algunas clases particulares, que había trabajado en un bar para pagarme los estudios y que también había trabajado en un hotel. Me preguntaron si había dado clases de una hora en inglés. Yo les dije que no. Ellos insistieron en que las clases debían ser totalmente en inglés. También me preguntaron si había estado alguna vez en un país de habla inglesa. Les dije que no. En mi carta de presentación, les había dicho cómo prepararía mis clases: gramática, juegos, práctica oral, etc. Supongo que mis ideas no les habían impresionado nada porque no mencionaron ninguna de ellas. En definitiva, un desastre. Yo creo que ellos habían decidido contratar a un profesor nativo pero, como no habían encontrado a ninguno, pues entonces me llamaron a mí. ¿Tú no estarías interesada en el puesto? Tendrías que mejorar un poco tu pronunciación y deberías revisar la gramática pero estoy segura de que si mencionas que has estado dos veces en Irlanda te contratatarían.
Isabel

i ¿Qué puesto había ofrecido la academia Strawberry?
ii ¿Dónde había encontrado Isabel el anuncio?
iii ¿Dónde dijo Isabel que había trabajado?
iv Isabel dijo que prepararía sus clases con material audiovisual, ¿verdad?
v Según Isabel, ¿por qué la habían llamado para la entrevista?
vi ¿Qué dijo Isabel que debía hacer Andrea si quería conseguir el puesto?

b Imagina que eres Andrea y has hecho la entrevista para el mismo puesto. Escribe un email a Isabel explicándole los detalles de la entrevista.

Gramática

El condicional

- The conditional is based on the infinitive form of a verb, adding these endings: **-ía**, **-ías**, **-ía**, **-íamos**, **-íais**, **-ían**.

  Por ejemplo: **trabajar** > **Yo trabajaría y estudiaría al mismo tiempo.**

- The conditional is used to:
  - say what you would do: **Te enseñaría a hacer café.** I'd teach you…
  - say what you would like to do: **Me gustaría viajar a Australia.** I'd like to…
  - make suggestions: **En el futuro, podríamos contratarte.** We could…
  - give advice: **Necesitarías saber idiomas.** You'd have to…

El pluscuamperfecto

The pluperfect is a compound tense. The two elements are:

An *auxiliary verb* (**haber**) + a *past participle.*

The auxiliary verb is in the imperfect tense:

yo había, tú habías, él había, nosotros habíamos, vosotros habíais, ellos habían.

The past participles are the same as for the perfect tense (see pages 2 and 8).

The pluperfect tense is used when a narrative in the past refers to something even earlier:

Nosotros habíamos reservado dos habitaciones.
We had reserved two rooms.

(For example, complaining about how they arrived at the hotel and found the rooms hadn't been reserved.)

Ejercicios de gramática

1 Write a wise piece of advice for each statement.

Por ejemplo: Siempre llegan tarde a clase. (levantarse más temprano)
Deberían levantarse más temprano.

a Todos los lunes por la mañana tengo resaca. (beber menos)
b No puedo ponerme mis pantalones favoritos. (adelgazar)
c Nunca conseguimos el trabajo que queremos. (estudiar un Master)
d Necesito hablar urgentemente con mi profesor de español. (enviar un email)
e Tú y yo vamos a viajar al extranjero este verano. (ahorrar dinero)
f Mi madre quiere que solicite ese puesto. (seguir su consejo)
g Es posible que vaya al dentista. (pedir cita con antelación)
h Es urgente que aprendamos a usar internet. (hacer un curso intensivo)
i ¿Cómo podría acabar mis estudios y solucionar mi situación económica? (buscar un trabajo a tiempo parcial)

2 Change the verbs in the perfect into the pluperfect.

Por ejemplo: He trabajado en esta compañía desde el 2001.
Había trabajado en esta compañía desde el 2001.

a Ella nunca ha dado clases de inglés pero ha vivido en Inglaterra dos años.
b La agencia me ha ofrecido un contrato de seis meses.
c El test le ha definido como una persona analítica, responsable y directa.
d No hemos recibido el currículum del último candidato que entrevistamos.
e Nadie sabe quién ha hecho la reserva en el hotel Ito.
f El recepcionista nos ha dicho que el técnico ha reparado la televisión.

3 Complete the story using the pluperfect tense.

Jaime **a** ___________ (ver) por última vez a Laura P. en 1996. En los últimos años, ella le **b** ___________ (escribir) muchas veces, la última vez para decirle que se **c** ___________ (casarse) con un millonario excéntrico. Aún así, no **d** ___________ (encontrar) la felicidad. Jaime **e** ___________ (volver) a Barcelona. Con los años, **f** ___________ (cambiar) mucho: **g** ___________ (dejar) de fumar y **h** ___________ (adelgazar) veinte kilos. Profesionalmente, las cosas le **i** ___________ (ir) bastante bien. **j** ___________ (conseguir) un contrato millonario con la Editorial Fascinación. Le **k** ___________ (ofrecer) más de seis millones de euros por escribir sus memorias. Con el paso del tiempo creyó que **l** ___________ (olvidar) todo el dolor que su pasado le **m** ___________ (causar) y que se **n** ___________ (perdonar) a sí mismo y al resto del mundo. Lo que no **ñ** ___________ (conseguir) destruir era el agonizante recuerdo de su relación con Laura P. Aquella relación le **o** ___________ (dejar) una cicatriz incurable en el corazón y **p** ___________ (marcar) su destino para siempre.

4 Read the story again and write as many questions as possible using the pluperfect.

Por ejemplo: *¿Cuándo había visto Jaime a Laura P. por última vez?*

Vocabulario

1

aprender	to learn
cocinero (m)	cook
consejo (m)	advice
enseñar	to teach
esteticista (f)	beautician
peluquero (m)	hairdresser
sugerencia (f)	suggestion
trabajo (m)	job

2

ofrecer	to offer
reducido/a	small
relaciones públicas (f, pl)	P.R.
repaso (m)	review
sueldo (m)	salary

4

abajo	down
arriba	up
cambio (m)	change
cola (f)	tail
desordenado/a	untidy
despierto/a	awake
dibujar	to draw
etapa (f)	period (of time)
gatito (m)	kitten
inseguro/a	insecure
lápiz (m)	pencil
lateralmente	sideways
menos de	less than
papel (m)	paper
soñar	to dream
tamaño (m)	size

5

agente (m/f) de televentas	telesales agent
camarero (m)	waiter
cualidad (f)	quality

8

adjunto/a	enclosed
afianzar	to reinforce
atender	to deal with
periódico (m)	newspaper
puesto (m)	post
solicitar	to apply
tarea (f)	task

11

ampliar	to expand
dar clases	to teach
experiencia (f) laboral	work experience
intentar	to try
lamentablemente	unfortunately
oral	spoken
solicitud (f)	application

13

agua (f) mineral con gas	sparkling water
orgulloso/a	proud
por cierto	by the way
prometer	to promise
reserva (f)	booking

14

al menos	at least
con antelación	in advance
disponible	available
pedir	to ask for
reclamación (f)	complaint
todo el tiempo	all the time

Práctica en parejas

1 Take turns to ask each other what kind of person your ideal partner would be.

Por ejemplo: **A** *¿Cómo sería tu pareja ideal?*
B *Tendría que ser una persona organizada porque debería…*

2 In turns, make suggestions and give advice to solve the problems listed below.

Por ejemplo: **A** *¿Qué podríamos hacer para solucionar el problema del paro?*
B *Para solucionar el problema del paro, el gobierno podría crear más trabajos.*

- el paro
- el aumento del precio de las viviendas
- el cambio climático
- la obesidad entre los jóvenes
- el aumento de accidentes de tráfico

aumento (m)	increase
basura (f)	junk
construir	to build
dejar de	to stop
multa (f)	fine
paro (m)	unemployment
vivienda (f)	housing

crear más trabajos contratar a más gente a tiempo parcial
construir más casas dejar de comer comida basura
reducir el número de automóviles en las carreteras poner multas más caras

3 Your partner (the manager) is looking for a shop assistant. You are interested in the position. Ask questions to find out more about it.

Por ejemplo: **A** *¿Cuántas horas a la semana tendría que trabajar?*

¡¡URGENTE!!

Se necesita dependiente.

Trabajo a tiempo parcial.

Buen sueldo.

Más información aquí.

Práctica en parejas

1 Take turns to ask each other what kind of person your ideal partner would be.

Por ejemplo: **A** *¿Qué cualidades debería tener tu pareja ideal?*
B *Básicamente, debería gustarle la comida india ...*

2 In turns, make suggestions and give advice to solve the problems listed below.

Por ejemplo: **A** *¿Cómo solucionarías el problema del cambio climático?*
B *Para solucionar el problema del cambio climatico, deberíamos reducir...*

- el paro
- el aumento del precio de las viviendas
- el cambio climático
- la obesidad entre los jóvenes
- el aumento de accidentes de tráfico

aumento (m)	increase
basura (f)	junk
construir	to build
dejar de	to stop
multa (f)	fine
paro (m)	unemployment
vivienda (f)	housing

crear más trabajos   contratar a más gente a tiempo parcial
construir más casas   dejar de comer comida basura
reducir el número de automóviles en las carreteras   poner multas más caras

3 You are looking for a shop assistant. Look at the job description and answer your partner's questions.

Por ejemplo: **A** *¿Cuántas horas a la semana tendría que trabajar?*
B *Trabajarías 13 horas a la semana.*

Dependiente
Trabajo a tiempo parcial (13 horas semanales)
Sábados por la mañana solamente
6€ hora

8 Me alegro de que hayas venido

The main purpose of this unit is to learn how to express emotion in reacting to events and situations. You will further extend your competence in dealing with the past tenses and learn to write more complex sentences.

1 Mónica y Mercedes otra vez. En la agencia de modelos

Escucha y lee.

Mónica: ¡Hola, Mercedes! Me alegro de que hayas venido tan pronto. Pasa, pasa, siéntate. ¿Quieres tomar algo?

Mercedes: Sí, un café, sin azúcar. Pero no hay prisa. Antes dime por qué me has llamado con tanta urgencia. ¡Espero que no te haya pasado nada malo!

Mónica: No a mí, pero tenemos un problema en la agencia y espero que puedas ayudarme. ¡He tenido que acortar mis vacaciones para venir a resolverlo! Me irrita mucho que pasen estas cosas.

Mercedes: Claro, lo comprendo, pero cuéntame.

Mónica: Resulta que estamos organizando un desfile para presentar la colección primavera- verano de Jorge Lacobara, y nos faltan modelos.

Mercedes: ¡Lacobara! ¡El diseñador del momento! Su estilo es tan original, tan atractivo… Me extraña que no tengas decenas de modelos ansiosas de presentar su ropa.

Mónica: Bueno… Lo que pasa es que esta vez Lacobara ha creado una colección para mujeres más… llenitas, más… voluptuosas…

Mercedes: ¡Ah! Mira, si quieres decir gordas, no tengas miedo, no me importa que uses esa palabra… ¡Un momento! ¿Me estás pidiendo que yo presente la colección?

Mónica: ¡Justamente! Tú, y quizás algunas amigas tuyas del Club de Gorditas Anónimas de los jueves…

Mercedes: ¿Cómo sabes que voy a ese club? ¡No me gusta que me espíen!

Mónica: Es que tú vas a la sesión de siete a ocho y yo… pues voy a la de ocho a nueve y te he visto. Perdona que no te lo haya dicho antes.

Mercedes: ¡No importa! ¡Con esta oportunidad que me estás ofreciendo! ¡Imagínate! Yo, modelo de Lacobara. ¡Por supuesto que lo haré! ¡Qué bien!

gramática

The subjunctive is used to express hopes and wishes:

Espero que los estudiantes aprendan. (1)	I hope the students learn. (Unit 6)
Espero que no te haya pasado nada. (2)	I hope nothing has happened to you.

It is also used after verbs involving emotion:

Me irrita que pasen estas cosas. (1)	It annoys me that these things happen.
Me irrita que hayas llegado tarde. (2)	It annoys me that you have arrived late.

Examples with (1) = Present subjunctive, examples with (2) = Perfect subjunctive

2 ¿Quién lo dice?

Lee estas frases y decide con tu grupo quién dice cada una.

Mónica Mercedes una amiga de Mercedes del Club de Gorditas Anónimas el marido de Mercedes Jorge Lacobara una modelo de la agencia

a Me enfada que mis empleados sean tan incompetentes.
b Me preocupa que la agencia no tenga las modelos para presentar mi colección.
c Me encanta que me hayan llamado para participar en ese desfile de modas.
d Me molesta que la colección de Lacobara no sea para mujeres delgadas.
e Me irrita que ahora ella vaya todos los días a la agencia y no esté en casa cuando yo vuelvo del trabajo.
f Me sorprende que Mercedes no haya venido al club la otra noche.

3 No se lo cuentes a nadie, pero...

Habla con tu compañero/a y cuéntale lo que realmente piensas de cada una de estas personas.

tu jefe tus compañeros de piso tu pareja tu profesor(a) tus padres

Por ejemplo: *Me molesta que mi novio nunca me lleve a bailar.*
Me gusta que mi jefe me dé una paga extra por Navidad.

4 A mí me parece...

Con tu grupo, relaciona estas frases con las reacciones de la columna de la derecha.

1 Me alegro de que hayas venido.	**a** ¡Qué rollo!
2 Siento que no hayas podido venir con nosotros.	**b** ¡Qué problema!
3 Me extraña que el director no te haya llamado.	**c** ¡Qué bien!
4 Me irrita que no hayas contestado a mis mensajes.	**d** ¡Qué desastre!
5 Me aburre que las clases sean tan largas.	**e** ¡Qué guay!
6 Me encanta que nos hayan invitado a salir con ellos.	**f** ¡Qué rabia!
7 Me molesta que los niños dejen todo desordenado.	**g** ¡Qué pena!
8 Me preocupa que la cuenta del teléfono sea tan alta.	**h** ¡Qué raro!

5 Nuria es modelo y necesita trabajo

a Escucha y lee estos diálogos.

Recepcionista: Agencia Pasarela, buenos días.
Nuria: Hola, soy Nuria. ¿Podría hablar con Mónica?
Recepcionista: Imposible, Mónica no está. Está ocupadísima con el desfile de la semana próxima, y casi nunca está en la agencia por la mañana.
Nuria: ¡Qué rollo! Entonces llamaré más tarde. ¿A qué hora crees que llegará? ¿Puedes decirle que he llamado yo?
Recepcionista: Perdona, pero… ¿Tú quién eres?
Nuria: ¡Cómo que quién soy! ¡Nuria Garrido! ¡Tenéis mi foto en todas las paredes de la agencia!
Recepcionista: Ya, guapa, pero todavía no tenemos teléfono con televisión. Llama más tarde, ¿vale?
Nuria: Bueno, llamaré más tarde…

Por la tarde…

Recepcionista: Agencia Pasarela, buenas tardes.
Nuria: Hola, soy Nuria. ¿Puedo hablar con Mónica ahora?
Recepcionista: Un momento, voy a probar… ¿Mónica? Tengo a Nuria en la otra línea, ¿estás?
Mónica: ¡Qué bien! Qué pesada es esa niña, y con todo el trabajo que tengo… en fin, pásamela. Nuria, cariño, tanto tiempo, ¿qué tal estás?
Nuria: Pues, bien, con la agenda completa, pero si me necesitas para algo, ya sabes que puedes contar conmigo aunque tenga que cambiar mis planes.
Mónica: Ah, pues muchas gracias, Nuria, tú siempre tan generosa. En estos momentos estoy preparando el desfile de Lacobara, pero el tipo de modelo que necesito no es el tuyo, así que otra vez será, lo siento. Llámame algún día y quedamos para comer, ¿vale? Te dejo porque tengo muchísima prisa. Te mando un beso, adiós.
Nuria: Sí, seguro, hasta pronto… ¿Para comer? ¡Si yo no como!

b Completa el diario de Nuria con palabras o frases de los diálogos anteriores (efectuando los cambios necesarios) y con tus propias deducciones.

> Querido diario:
> El otro día llamé a Mónica a la agencia **i** ________. No estaba, de modo que volví a llamar por la tarde. Me dijo que **ii** ________ un desfile de la nueva colección Lacobara, pero que **iii** ________ en esta ocasión. Como mi situación financiera **iv** ________ en este momento, inmediatamente **v** ________. ¡Tuve suerte! ¡El lunes próximo **vi** ________ a Hawaii a hacer fotos para **vii** ________!

gramática

Consequences

No estaba, de modo que volví a llamar. She wasn't there, so I rang again later.
Como no estaba, volví a llamar más tarde. As she wasn't there, I rang again later.

Also:	**así que**	**con lo cual**	**por tanto**	**ya que**
	so, as	whereupon	therefore	since, as

6 Y entonces, ¿qué hiciste?

a Con tu compañero/a, inventa algunas consecuencias para estas situaciones y compártelas con el resto de la clase.

Por ejemplo: *Las tiendas estaban cerradas, de modo que no pudimos comprar los zapatos.*
Había huelga de trenes, así que tomamos el autobús.

i José no vino a clase la semana pasada, ______________________.
ii Entré al restaurante y vi a mi novio con otra chica, ______________________.
iii El viaje a los Estados Unidos les costó más de 1.000€, ______________________.
iv El anuncio pedía personas de tipo latino, ______________________.
v La suegra de Mariana viene de visita esta noche, ______________________.
vi Viajábamos en el tren sin billete, ______________________.

b Ahora elaborad algunos motivos para estas situaciones.

Por ejemplo: **A** *Como estaba muy cansado, decidió no ir al partido.*
B *Como no sabía qué estudiar, me tomé un año sabático.*

i ______________________, no quiso acompañarme a recoger el camello.
ii ______________________, le hice una llave de kárate.
iii ______________________, nunca más lo llamé.
iv ______________________, se casaron y emigraron a España.
v ______________________, decidió dejar la carrera e irse a la India a meditar.
vi ______________________, no pudimos cocinar una paella.

7 ¿Dónde está mi móvil?

a Escucha y lee.

Laura: ¿Dónde está mi móvil? ¿Lo has visto?
Alfonso: Sí, lo vi en tu bolso. Tranquila, mujer, ¿por qué te agitas tanto? ¿Te preocupa la falta de contacto con el mundo virtual?
Laura: Tú no entiendes, es que le prometí a Luisa que la llamaría, y el número está en el móvil. ¿En mi bolso, dices? ¿Y dónde está mi bolso?
Alfonso: Pues... esta mañana lo tenías. ¿Recuerdas que les diste dinero a los niños?
Laura: Sí, lo saqué del bolso mientras corría al coche. Fui a buscar a tu madre y la llevé al centro. Le compré unos zapatos y le mostré la nueva plaza. Había unos músicos peruanos en la calle, y tu madre les dio unas monedas porque dijo que la canción le recordaba a su patria. Y luego me compré un libro, y volvimos a casa.
Alfonso: O sea, que el bolso con tu móvil debe de estar en el coche.
Laura: Es verdad, recuerdo que lo puse en el asiento delantero... Pero ahora que pienso: ¿dónde está el coche?
Alfonso: Te olvidaste las llaves del garaje y aparcaste en la calle, ¿no recuerdas?
Laura: ¡Ah, sí! Y también puedo verlo desde aquí, ¡qué alivio...! ¡Alfonso! ¿Dónde está la abuela?

b Con tu compañero/a, imaginad que uno de vosotros es Laura y el otro, Alfonso. Contadle a otra pareja vuestra versión de la historia del ejercicio anterior.

<u>Le</u> compré zapatos. I bought *him/her* some shoes. (indirect object)
<u>Me</u> compré un libro. I bought *myself* a book. (indirect object)

More on indirect objects in Gramática p. 92.

8 Nada de confusiones

Escoge las oraciones más apropiadas:

a i Elena necesita la carne hoy.
ii Elena no la necesita hasta el domingo.
iii Elena quiere que Juan le traiga la carne hoy.

b i Pedro le envió un correo electrónico a su novia.
ii La amiga de Pedro cree que su novia ha contestado a su correo electrónico.
iii Sus amigos no saben qué le pasa a Pedro.

c i Susana le compró un regalo a su padre.
ii Susana tiene dinero porque su padre se lo dio.
iii Susana le mostró las botas a su amiga.

d i El profesor nunca habla en español a sus alumnos.
ii Los alumnos hablan en su idioma en la clase.
iii El profesor quiere que sus alumnos le hablen en español todo el tiempo.

9 Una oportunidad interesante

a Lee este texto.

> El Programa de Lectores de Inglés está organizado por el British Council y representa una opción interesante para estudiantes universitarios de idiomas que estén planeando pasar un año en el extranjero antes de graduarse.
>
> La selección de candidatos se hace por concurso; los aspirantes deben presentar su expediente académico y acreditar un excelente manejo del inglés. Generalmente, se prefiere que sean hablantes nativos. Una vez realizada la selección, se asigna el destino a cada lector de acuerdo a la demanda, al idioma extranjero que cada uno hable y a características personales y de adaptabilidad.
>
> Los lectores reciben apoyo administrativo del British Council, así como cursillos de entrenamiento y una cierta cantidad de material didáctico. Sin embargo, al llegar a su destino deben incorporarse al grupo de profesores de su colegio y seguir las instrucciones de éstos. El lector debe recordar siempre que su función es solamente de ayuda; los planes de estudio son decididos por los profesores.
>
> El trabajo de los lectores es, en general, muy apreciado por los alumnos, ya que les brinda la oportunidad de practicar su conversación en inglés en un ambiente más relajado que el de la clase formal.
>
> Para el lector, ésta puede ser una experiencia inolvidable que contribuya a su formación intelectual y personal. Como dice Holly, lectora en Cataluña durante el curso pasado: "Este año me ha enseñado muchísimo, me ha dado la oportunidad de ser útil a otros; he adquirido más confianza en el uso del español y habilidad para transformarme en un miembro activo de la comunidad en el colegio y en el pueblo."

b Indica si las siguientes frases son verdaderas (V) o falsas (F). Ten cuidado con algunas afirmaciones, pues no se refieren a la información contenida en el artículo, sino que deberás deducirlas.

i Es raro que los lectores sean hablantes de inglés como segunda lengua.
ii Es esencial que los candidatos a lectores tengan el título de profesores.
iii No es común que los lectores preparen su plan de trabajo de forma independiente.
iv Es probable que los lectores tengan problemas con la Oficina de Inmigración.
v A los alumnos les molesta que el lector se haga cargo de las clases de conversación.
vi Cada colegio espera que su lector se adapte a las circunstancias.
vii Holly no cree que su presencia haya ayudado mucho a los alumnos.

¡Extra!

10 Cartas al director

a Lee estas cartas en las que los lectores del periódico "Hoy" expresan sus opiniones sobre las corridas de toros. Busca las palabras desconocidas en el diccionario.

Señor Director:
Me parece inconcebible que en el siglo XXI y en un país civilizado como el nuestro, todavía se siga practicando esta actividad sangrienta, cruel e innecesaria que sólo ayuda a que algunos promotores y matadores de primera línea se hagan ricos a costa del sufrimiento de animales indefensos, y encima quieran persuadir al público de que están preservando una parte significativa de nuestro acervo histórico y cultural.

Dolores Álvarez, Oviedo

Señor Director:
Me cuesta mucho creer que haya grupos de españoles que están en contra de la fiesta nacional. Las corridas de toros son una forma de cultura popular que sintetiza los valores de nuestro pueblo y una actitud de vida donde el valor y el honor tienen una importancia primordial. Hay en la corrida arte y ritual que llegan a lo más profundo del ser nacional y por eso no acepto que se intente destruir esta parte de nuestro patrimonio histórico.

Manuel Gil Peñalva, Sevilla

b Escucha esta conversación y completa el cuadro.

Nombre	Opiniones
Dolores	
Manuel	
Enrique	

c Ahora escribe tú una carta al director del periódico expresando tu opinión sobre el mismo tema.

d Comenta con la clase tus ideas con respecto al tema de los toros.

Expresiones útiles: yo creo a mí me parece (que) no estoy de acuerdo ¡ni hablar! sí, pero soy de la misma opinión yo quiero decir que

Gramática

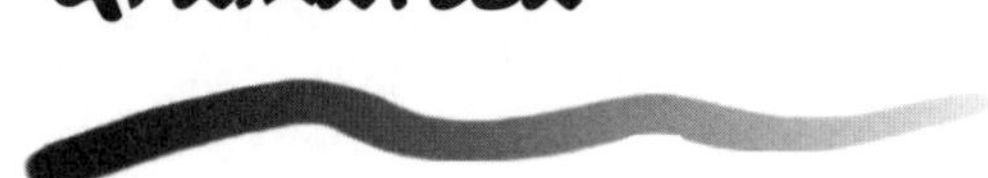

- **The perfect subjunctive**

Form: present subjunctive of **haber** + past participle of the main verb.

As you would expect, it is formed just like the (indicative) perfect tense.
Logically enough, the difference is that the auxiliary is in the present subjunctive rather than the present indicative.

ir to go

Perfect indicative	Perfect subjunctive
he ido	**haya ido**
has ido	**hayas ido**
ha ido	**haya ido**
hemos ido	**hayamos ido**
habéis ido	**hayáis ido**
han ido	**hayan ido**

Siento mucho que hayan salido. I regret that they have gone out.
Es posible que se hayan perdido. It's possible that they have got lost.

- **Subjunctive with verbs of emotion**

Verbs such as: **sentir/alegrarse/irritarse/lamentar/tener miedo** are followed by the subjunctive in sentences where there is a second subject:

El tiene miedo de que ella diga la verdad.
He is afraid that she will tell the truth. (second subject 'she')

Otherwise the infinitive is used:

El tiene miedo de decir la verdad. He is afraid of telling the truth.

- **Direct and indirect object pronouns**

Direct object pronouns		Indirect object pronouns	
me	me	**me/a mí**	to me
te	you	**te/a ti**	to you
lo (**le**)	you (m)/him	**le**	to you, him, her, it
la	you (f)/her	**nos**	to us
nos	us	**os**	to you
os	you (plural)	**les**	to you, them
los	you, them (m)		
las	you, them (f)		

1. Direct and indirect forms are largely identical: note the differences above.
2. Two pronouns:
   Me lo regaló. She/He gave it to me.
   Nos los trajeron directamente a casa. They brought them straight home to us.
3. Direct and indirect object pronouns following each other in a sentence:
   The indirect pronoun is replaced by **se** in the third person (singular and plural).
   Se lo dije muy claramente. I told [it] him very clearly.

Ejercicios de gramática

1 What goes with what? Complete each sentence in the left-hand column with an appropriate ending from the right.

Note: there is more than one possibility for some of the first halves. Observe how the meaning changes in those cases.

1	Tiene miedo	**a**	que estés tan delgado.
2	Me extraña	**b**	lo que diga la gente.
3	No me importa	**c**	que visites a todos los clientes.
4	Nos sorprende	**d**	de que lo hayan reconocido.
5	Al jefe le interesa	**e**	que el producto tenga tanta venta.
6	Me preocupa	**f**	que el profesor nos haya dado el día libre.

2 Rewrite these sentences using the correct indirect pronoun.

Por ejemplo: No creo que haya dado tiempo a llegar (a él).

No creo que le haya dado tiempo a llegar.

a No me importa que no hayas comprado un regalo en Hong Kong (a mí).
b Me da mucha pena que hayan robado el coche (a ella).
c Me irrita que el profesor haya pedido los deberes el jueves (a nosotros).
d Es probable que traiga helados (a ti).

3 Choose the right verbs in brackets and complete the article.

Ayer por la tarde, Sir Ian Bedford (denunció/ha denunciado) **a** ___________ la desaparición de un cuadro de Goya de su residencia de verano en Santander. Según Sir Ian, el hecho (ocurrió/ocurría) **b** ___________ la semana pasada. Es extraño que no (dijo/haya dicho) **c** ___________ nada hasta ayer, pero de todas formas la policía local (ha pedido/pida) **d** ___________ que cualquier persona que (vio/haya visto) **e** ___________ algo fuera de lo común en el área entre las 3 y las 6 del domingo (se comunique/se comunica) **f** ___________ con la Comisaría local.

Santander

Vocabulario

1

acortar	to shorten
alegrar	to feel glad
ansioso/a	anxious
decena (f)	ten
desfile (m) de moda	fashion show
diseñador (m)	designer
espiar	to spy
estilo (m)	style
extrañar	to be surprised
irritar	to irritate
llenito/a	plump
ofrecer	to offer
pedir	to ask for
resolver	to solve
tener miedo	to be scared

2

molestar	to annoy
preocupar	to worry

4

aburrir	to bore
alegrarse	to be happy
cuenta (f) del teléfono	telephone bill
desordenado/a	untidy
extrañar	to be surprised
¡qué bien!	good!
¡qué desastre!	what a disaster!
¡qué guay!	great!
¡qué pena!	what a shame!
¡qué problema!	what a problem!
¡qué rabia!	how annoying!
¡qué raro!	how strange!
¡qué rollo!	how boring!
sentir	to be sorry

5

agenda (f)	diary
ocupadísimo/a	very busy
pared (f)	wall
pesado/a	annoying
quedar	to meet
tener suerte	to be lucky

6

año (m) sabático	gap year
camello (m)	camel
casarse	get married
carrera (f)	degree
huelga (f)	strike
latino/a	Latin
llave (f) de kárate	karate throw
partido (m)	match (football, rugby, etc.)
recoger	to pick up
suegro (m)	father in law
tipo (m)	type

7

agitarse	to get nervous
alivio (m)	relief
aparcar	to park
asiento (m)	seat
delantero/a	front
falta (f)	lack
patria (f)	homeland
plaza (f)	square

8

carne (f)	meat

9

acreditar	to demonstrate
ayuda (f)	help
brindar	to give
confianza (f)	confidence, trust
cursillo (m) de entrenamiento	training course
destino (m)	destination
expediente (m) académico	marks
extranjero (m)	abroad
graduarse	to graduate
hablante (m)	speaker
inolvidable	unforgettable
nativo/a	native
por concurso	selection
sin embargo	however

Práctica en parejas

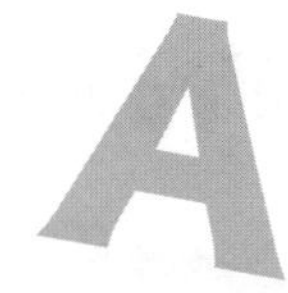

1 Your partner is applying for the post of language assistant. You are the representative of the British Council and want to know the following information.

- How long has he/she been studying the foreign language?
- Whether he/she minds being sent to a small village in the mountains.
- What are – in his/her opinion – the main skills that a language assistant should have.
- Can he/she tell you about any previous experience in a similar job?

2 Now you are being interviewed. Here is some information about the character you are playing.

> Hace dos años tuvo un accidente y cree que es importante que el entrevistador lo sepa. Está recuperado y va a empezar a trabajar como voluntario en el Centro de Inmigración local. Como necesitan personas que hablen lenguas extranjeras, el candidato cree que es un trabajo muy apropiado para él/ella.

Pueblo español de montaña

Práctica en parejas

B

1 You are applying for the post of language assistant and are being interviewed by a representative of the British Council. Answer the questions. Below is some information about the person you are playing.

> El candidato ha estudiado la lengua extranjera durante tres o cuatro años. No le importa que lo envíen a un sitio pequeño, porque piensa que es la oportunidad de tener una aventura real. Cree que es esencial que el asistente sea flexible y que se adapte bien. El candidato trabajó como asistente en las clases de lengua en la escuela local el año pasado.

2 Now you are interviewing your partner. You begin.

- You have an interesting CV, but I notice there is a gap of two years in it.
- I am sorry that you have had that accident. And how are things now?
- That's very interesting. What will you be doing?
- Certainly. I hope you succeed; and it would be good practice for this post with us.

Pueblo español de montaña

In this unit you will learn how to express conditions for a future event and make hypotheses, as well as talk about remote possibilities.

1 Quiero ir a Latinoamérica

a Escucha y lee esta conversación.

Rory es un estudiante universitario. Está en el último año de Periodismo, y le gustaría pasar algún tiempo en Latinoamérica.

Rory: ¿Qué recomendaciones básicas le haríais vosotras a alguien que quiera pasar un tiempo viviendo y trabajando en un país latinoamericano?

Fabiola: Primero, sería necesario que aprendiera por lo menos algo de español. Y también es importante que tenga algún contacto en el país para saber por dónde empezar.

Julia: Estoy de acuerdo. Es importante que tenga a alguien que le ayude.

Rory: ¿Y qué podría hacer alguien como yo, por ejemplo?

Fabiola: Podrías dar clases de inglés, ¿no? En mi país hay muchísimas escuelas y academias de idiomas que contratarían a hablantes nativos aunque no tengan un título oficial.

Julia: Además están las ONGs. Organizaciones humanitarias para la salud, la educación, la promoción de industrias locales... Allí siempre están muy contentos de recibir voluntarios para que ayuden a todos los niveles.

Rory: Sí, ya he mirado en internet y encontré bastantes organizaciones de ese tipo. Pero si puedo ir a Latinoamérica, lo que realmente quiero es trabajar en los medios de comunicación, aunque sea sólo como experiencia, sin paga. ¡Alguna vez lo haré!

Fabiola: ¿Alguna vez? ¿Y por qué no lo haces ahora?

Rory: Porque este año tengo que escribir muchos ensayos y terminar la carrera.

Julia: ¿No puedes esperar un poco para eso? Cuando estés en Latinoamérica, te darás cuenta de que la experiencia vale la pena.

Rory: Quizás tengas razón. Pero, de veras, no puedo pensar en viajar hasta que no termine.

Fabiola: ¡Vamos, Rory! Habla con tus profesores y vete a Latinoamérica tan pronto como puedas... ¡antes de que te asuste la idea!

b Relaciona estas expresiones del diálogo anterior con su equivalente en inglés.

1 por lo menos	**a** unpaid
2 saber por dónde empezar	**b** it's worth it
3 un título oficial	**c** health
4 salud	**d** to know where to start
5 terminar la carrera	**e** to graduate
6 sin paga	**f** at least
7 vale la pena	**g** formal qualifications

c Ahora encuentra las siguientes expresiones en el diálogo y averigua qué tiempo verbal se usa con cada una.

i as soon as you can
ii so they can help
iii even if they don't have
iv before the idea frightens you

2 Condiciones

Usando las expresiones del ejercicio anterior, imagina con tu compañero/a algunos de los planes de Rory después de su conversación con Fabiola y Julia.

Por ejemplo: **A** Entonces, ¿qué vas a hacer, Rory?
B Tengo que terminar la carrera tan pronto como pueda.

a Quiero trabajar en la radio, aunque...
b Podré enseñar inglés aunque...
c Escribiré a una emisora de radio para que...
d Compraré mi billete de avión antes de que...

Rory Griffiths

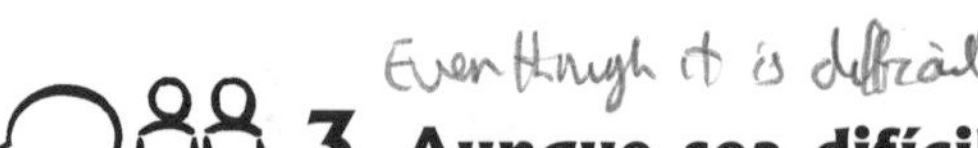

3 Aunque sea difícil, lo aprenderé

Con tu compañero/a, forma oraciones con elementos de cada columna.
Sugerencia: asegúrate de que comprendes el significado de las palabras o frases conectoras antes de empezar. Véase la sección de Gramática de esta unidad.

Por ejemplo: *Escucharé la conferencia hasta que comience el debate.*

a Escucharé la conferencia	cuando	comience el debate.
b Te pagaremos mañana	en cuanto	las notas sean buenas.
c Los estudiantes salen de clase	para que	me lo devuelvas.
d El profesor explica su frase	antes de que	me des pruebas.
e Vamos a celebrar el fin de curso	aunque	la comprendamos.
f Puedes llamarme	hasta que	no sea fin de mes.
g Puedes usar mi vestido	siempre que	quieras.
h Creeré lo que me dices	con tal de que	termine.

4 La playa de arena negra

Completa las oraciones con los conectores de la caja y luego ordena los párrafos correctamente.

para que	antes de que	cuando	para cuando	en cuanto

a "Somos 70 familias y hemos conservado nuestra cultura y tradiciones a través del tiempo. Sabemos que **i** ______ empiecen a llegar turistas, habrá que construir caminos, hoteles y otras instalaciones **ii** ______ se sientan cómodos. Eso traerá trabajo y bienestar a la gente, pero debemos tener cuidado de no cambiar nuestro estilo de vida."

b "Esta es aún una zona desconocida, pero **iii** ______ los turistas la descubran, empezará a sufrir cambios que afectarán el equilibrio ecológico y es necesario que estemos preparados **iv** ______ eso ocurra. Aquí se encuentran, por ejemplo, algunas araucarias centenarias; debemos protegerlas **v** ______ duren muchos siglos más". Por su parte, el cacique habla de su gente:

c Hugo Nieto, el guardaparque de la zona patagónica del Paimún, y el cacique Raquitué, jefe de las familias mapuches que viven allí, han hablado a la prensa recientemente sobre la situación en las comunidades de cara a la posible llegada del turismo a la costa boscosa del lago y su playa volcánica de arena negra, lo que posiblemente ocurra **vi** ______ pase mucho tiempo.

Lago Paimún

El lago Paimún se encuentra en la provincia de Neuquén, en Argentina. Es uno de los muchos lagos andinos famosos por su pesca y por sus espectaculares paisajes de montaña. En sus orillas se encuentran varias comunidades de indígenas mapuches, específicamente el clan Raquitué y el clan Cañicul. Para más información sobre los mapuches, consultar: www.piedradetrompul.com.ar Para información turística sobre la zona, buscar "paimún" en internet y... ¡felices vacaciones!

5 ¿Qué podemos hacer para que esto no ocurra?

a Con tu compañero/a, ordena estas palabras y frases de acuerdo a los temas de **transporte**, **reciclaje** y **hambre**.

latas cereales congestión **cartón**

botellas basura compartir coche

centros de alimentación gasolina plástico

refugiados **vertederos** incineradores

b Ahora mira los titulares y habla con tu compañero sobre las situaciones que describen.

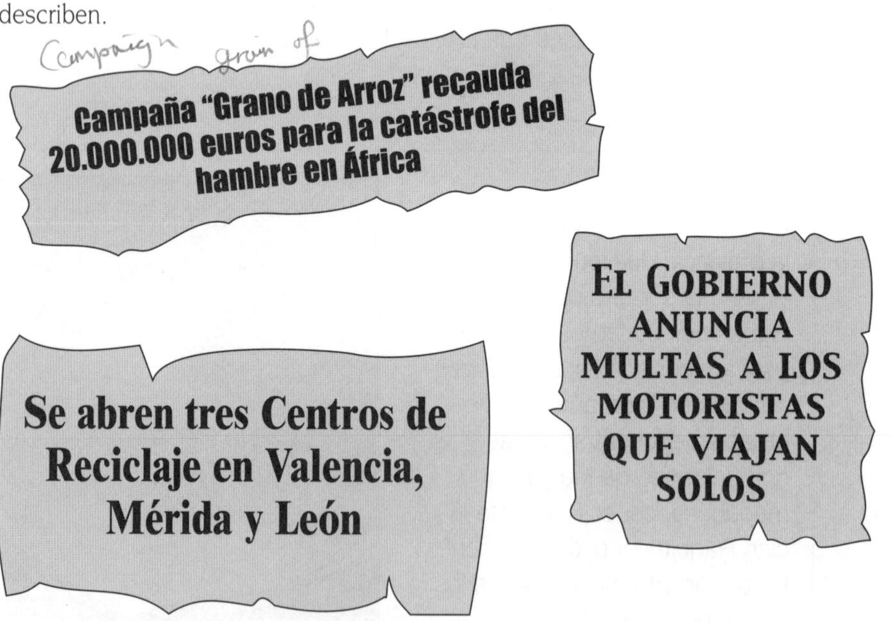

c Por turnos, contestad a estas preguntas.

i ¿A qué se refiere el primer titular? ¿Conoces algunas campañas similares en tu país?

ii ¿Reciclas algo en tu casa?

iii ¿Se podría hacer algo más / algo diferente para resolver el problema de la contaminación y la congestión en las carreteras?

6 Pan con sabor a sol

a Escucha y lee esta entrevista.

Rory entrevista al ingeniero Luis Saravia, director de un proyecto de creación e instalación de cocinas solares en La Puna.

Rory: ¿Podría decirme cómo se originó este proyecto?

Luis: En La Puna existen muchas poblaciones y caseríos pequeños y aislados, de entre 100 y 150 habitantes. Si fueran más grandes, recibirían energía eléctrica, y si existieran buenos caminos, los niños no necesitarían quedarse en la escuela toda la semana como ocurre ahora.

Rory: Es decir que en las escuelas se cocina regularmente para grupos grandes.

Luis: Exactamente. Y el combustible es un gran problema. Si tuviéramos árboles, usaríamos leña, pero La Puna es un desierto. ¡Lo único que abunda es el sol!

Rory: Sí, unos 300 días al año, ¿no es verdad?

Luis: Veo que se ha informado bien. Nos pusimos a trabajar y desarrollamos una tecnología para cocinar basada en dos reflectores concentradores, que pueden producir energía solar gratis y limpia ilimitadamente. Los concentradores se usan como cocina al vapor y como horno. El pan sale muy rico. ¡Los chicos dicen que tiene sabor a sol!

Rory: Sería muy bueno que aumentara el número de escuelas beneficiadas.

Luis: Claro, pero para eso necesitaríamos mucho más dinero.

Rory: Ingeniero, tengo una sorpresa para usted. El Programa Nacional de Apoyo al Desarrollo Científico y Tecnológico le ha otorgado su premio anual al Instituto de Investigación de Energías No Convencionales, que…

Luis: ¿Cómo dice? ¡Mi Instituto! ¡Mi equipo! ¡Ahora podremos hacer más cocinas, llevar la tecnología a pueblos más aislados, empezar microemprendimientos para personas sin trabajo...!

Rory: Ingeniero, si usted me diera tiempo para explicarle…

gramática

Si existieran buenos caminos, los niños no necesitarían quedarse en la escuela.
If there were good roads, the children would not need to stay in the school.

Si tuviera un coche, no tomaría el tren.
If I had a car, I would not take the train.

b Indica si las siguientes frases son verdaderas (V) o falsas (F).

i Las poblaciones no tienen electricidad porque están muy lejos de la capital.
ii Los niños están en la escuela toda la semana.
iii Las cocinas de las escuelas usan gas.
iv En La Puna llueve muy poco.
v El equipo del ingeniero compraría cocinas si tuviera dinero.
vi Si no existieran los hornos del ingeniero, no se podría usar la energía solar.
vii Esta tecnología es muy complicada.
viii El ingeniero está entusiasmado con la noticia del premio.

7 Si yo estuviera en tu lugar...

a Con tu compañero/a, piensa qué harías si estuvieras en estas situaciones.

i Si llegaras a casa y no tuvieras la llave...
ii Si encontraras en la calle una cartera con 1.000 euros...
iii Si se quemara la comida cinco minutos antes de la llegada de tus invitados...
iv Si recibieras una llamada de Hollywood...

b Y ahora, imagina un problema que se ajuste a estas soluciones.

i ... le enviaría seis docenas de rosas para reparar el error.
ii ... llamaría a la policía inmediatamente.
iii ... me dedicaría a la agricultura ecológica.
iv ... gastaría una fortuna en ropa para la ocasión.

c Por último, compara tus respuestas con las de tu compañero/a.

8 ¿Qué harías si ganaras la lotería?

a Habla con tu compañero sobre este tema y compara vuestras respuestas.

Por ejemplo: **A** *¿Qué harías si ganaras la lotería?*
B *Si ganara la lotería, visitaría Alemania.*

b Si fuerais una de estas personas, ¿cómo contestaríais a la pregunta anterior?

i una niña de ocho años
ii un estudiante universitario
iii una profesora universitaria
iv una pareja joven
v una señora jubilada
vi un hombre sin trabajo
vii un empresario
viii la mujer del empresario

9 Grandes problemas, grandes soluciones

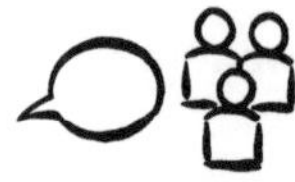

a Habla con la clase y averigua qué cambiaríais si tuvierais el poder.

Por ejemplo: **A** *¿Qué cambiarías si tuvieras el poder?*
B *Si yo fuera el Primer Ministro, reduciría los impuestos.*

b Escribe un párrafo con soluciones para algún problema ecológico o social.

Sugerencias: extinción de especies animales o vegetales, violencia en las calles, etc.

10 La carretera de la discordia

a Escucha y contesta a las preguntas.

- **i** ¿Cuál es el plan para Aguasfrescas?
- **ii** ¿Qué beneficios traería la nueva carretera?
- **iii** ¿Cuáles son las posibles desventajas del plan?
- **iv** ¿Qué rumores circulan por el pueblo sobre el alcalde?
- **v** ¿Dónde está el alcalde en estos momentos?
- **vi** ¿Qué les promete Rory a sus oyentes?

b Escucha otra vez e indica si estas afirmaciones son verdaderas (V) o falsas (F).

- **i** Nadie cree que la carretera sea una buena idea.
- **ii** El alcalde no ha dicho nada sobre el asunto.
- **iii** Algunos miembros de la comunidad son más vulnerables que otros.
- **iv** Ninguna de las personas del pueblo quiere hablar con Rory.
- **v** Rory tendrá problemas para encontrar a alguien que ofrezca una opinión imparcial.
- **vi** Hay algo podrido en el pueblo de Aguasfrescas.

gramática

Pronouns

alguien	somebody/someone	**algo**	something
nadie	nobody/no one	**nada**	nothing

These pronouns are invariable: they do not agree with anything!

Alguien ha dicho que el alcalde ha recibido dinero de la compañía.
Someone has said that the mayor has received money from the company.

Adjectives

algún, **alguna**, **algunos**, **algunas** = 'some'. These are all adjectives and must agree with their nouns both in gender and number, in the normal way.

Algún pueblo de la costa… (masc. sing.) Some town on the coast…
Algunas respuestas negativas… (fem. pl.) Some negative replies…

Ninguno/ningún, **ninguna** = 'no', 'not any'. These adjectives are the negative counterpart to the previous group of adjectives (**algún**, etc.).

NB **ninguno** is shortened to **ningún** before a masculine singular noun.

c ¿Crees que Rory trata de influir a sus oyentes? Escribe un email a Rory expresando tu opinión sobre el tema.

Latin America

¡Extra!

11 El pueblo opina

Escucha las opiniones de la gente de Aguasfrescas y escríbelas en el cuadro de abajo.

Persona	Opinión
El alcalde	
Una madre de familia	
Una ecologista	
Un comerciante local	

12 Hoy me gustaría hablaros de...

Escucha las noticias en la radio/televisión, lee el periódico o consulta internet. Busca una noticia relacionada con temas ecológicos, de reciclaje o de medio ambiente y prepara una presentación breve en español para la clase. Si fuera necesario, podrías pedirle ayuda a tu profesor(a).

Gramática

- **Subjunctive in adverbial clauses**

An *adverbial clause* is a group of words that presents a condition for the fulfilment of the action of the main verb. These clauses are introduced by: **cuando** when / **para que** so that / **tan pronto como** as soon as / **a menos que** unless / **antes de que** before / **después de que** after / **hasta que** until, etc.

Important: **de que** denotes change of subject, therefore, the subjunctive is required.

If we refer to a situation that has not yet become a fact, we use the subjunctive.

Por ejemplo: **Comeremos tan pronto como llegue Elsa.**
We'll eat as soon as Elsa arrives.

If we refer to a definite situation or an accomplished fact, we use the indicative.

Por ejemplo: **Todos los días comemos tan pronto como llega Elsa.**
Every day we eat as soon as Elsa arrives.

- **Imperfect subjunctive**

The *imperfect subjunctive* is used in the same situations and after the same constructions as the *present subjunctive* when the main verb is in the past tense, or in the conditional:

Por ejemplo: **Le aconsejé que consultara a un médico.**
[Preterite] [Imperfect subjunctive]
I advised him to consult a doctor.

Si comprendieras mi punto de vista, no discutiríamos tanto.
[Imperfect subjunctive] [Conditional]
If you understood my point of view, we would not argue so much.

There are two forms which can be used interchangeably:

'-ar' verbs			
Form 1	**hablara** **hablaras** **hablara** **habláramos** **hablarais** **hablaran**	*Form 2*	**hablase** **hablases** **hablase** **hablásemos** **hablaseis** **hablasen**

'-er' and '-ir' verbs			
Form 1	**comiera** **comieras** **comiera** **comiéramos** **comierais** **comieran**	*Form 2*	**comiese** **comieses** **comiese** **comiésemos** **comieseis** **comiesen**

Irregular forms follow the same pattern of irregularity as past tense forms. Use the third person plural of the simple past as the basis:

tener > tuvieron > tuvier-a/as/a...
decir > dijeron > dijer-a/as/a...
poner > pusieron > pusier-a/as/a...
venir > vinieron > vinier-a/as/a...

See also the Gramática at the end of the book.

Negatives: Refer back to Gramática on page 64 to remind yourself of these expressions.

Ejercicios de gramática

1 Put the verbs in brackets into the imperfect subjunctive.

a Fue una pena que tan poca gente (asistir) ________ a la reunión anoche.
b Si (ser) ________ por mí, no nos quedaríamos más de una semana.
c Insistían en que la gente (mostrar) ________ todos sus papeles.
d Lo que necesitábamos era una secretaria que (saber) ________ español.
e No tendrías ningún problema si (hacer) ________ tu trabajo más rápidamente.
f No quería que los niños (ir) ________ solos.
g Si ellos (poder) ________ ofrecer su casa para la fiesta, todo se solucionaría.
h Me pareció raro que él no (aceptar) ________ la oferta del cliente.
i El jefe le aumentaría el sueldo si lo (ver) ________ poner más iniciativa.
j ¡Te dije que (venir) ________ inmediatamente! ¿No me has oído?

2 Complete the text with the appropriate word from the box.

nadie	nada	ninguno/a	algo	alguien	alguno/a	algunos/as

Como **a** ________ contestaba a nuestras llamadas, **b** ________ de nosotros decidimos ser valientes y entrar en la casa abandonada. No había **c** ________ de valor allí, lo sabíamos, pero en el pueblo se hablaba de **d** ________ ruidos misteriosos que **e** ________ había escuchado al pasar por delante de la casa. Entonces nos dimos cuenta de que necesitábamos **f** ________ para defendernos, en caso de que **g** ________ o **h** ________ nos atacara. Pero no teníamos **i** ________ . Todo estaba muy oscuro, muy silencioso. De repente se oyó un grito espantoso que provenía del piso alto. **j** ________ de nosotros se ofreció a subir a investigar, sino que todos corrimos desesperadamente hacia la puerta que **k** ________ había cerrado. ¡Qué horror!

3 Join the first half of each sentence with the appropriate second half, using a connector from the box.

hasta que	para que	cuando	antes de que	a menos que

1	Te digo esto	**a**	trabajes los sábados.
2	No irán	**b**	no termina.
3	Te pagarán	**c**	termines.
4	Siempre está lista	**d**	llega.
5	Nunca avisa a sus padres	**e**	llegue.
6	No se levanta de la mesa	**f**	los viéramos a ellos.
7	Nos vieron	**g**	cierran la biblioteca.
8	Esperaré	**h**	te sirva de ayuda.
9	No te dan el empleo	**i**	tú también vayas.
10	Todos los días estudia	**j**	te decidas.

Vocabulario

El vocabulario para la sección **10** aparece en el apéndice de la página 193.

1

ayudar	to help
asustar	to scare
darse cuenta	to realize
de veras	really
empezar	to start
ensayo (m)	essay
estar de acuerdo	to agree
hablante (m)	speaker
medio (m) de comunicacion	media
ONG (organización no gubernamental)	NGO
paga (f)	salary
periodismo (m)	journalism
promoción (f)	promotion
salud (f)	health
valer la pena	to be worth it

2

insistir	to insist
respuesta (f)	answer

3

celebrar	to celebrate
comenzar	to begin
creer	to believe
devolver	to return
fin (m) de curso	end of (academic) year
nota (f)	mark
prueba (f)	proof

4

araucaria (f)	monkey-puzzle tree
arena (f)	sand
bienestar (m)	welfare
boscoso/a	wooded
cacique (m)	tribal chief
conservar	to preserve
de cara a	in view of
desconocido/a	unknown
durar	to last
guardaparque (m)	park ranger
instalaciones (f, pl)	facilities
lago (m)	lake
mapuches (m, pl)	Patagonian tribe
pesca (f)	fishing
prensa (f)	press
siglo (m)	century
sufrir	to suffer
tener cuidado	to be careful

5

anunciar	to announce
basura (f)	rubbish
campaña (f)	campaign
cartón (m)	cardboard
contaminación (f)	pollution
grano (m)	grain
hambre (m)	hunger, famine
multa (f)	fine
recaudar	to raise (money)
reciclaje (m)	recycling
refugiado (m)	refugee
vertedero (m)	landfill site, dump

6

aislado/a	isolated
aumentar	to increase
caserío (m)	hamlet
combustible (m)	fuel
desarrollar	to develop
desierto (m)	desert
equipo (m)	team
horno (m)	oven
investigación (f)	research
juntar	to gather
leña (f)	firewood
limpio/a	clean
microemprendimiento (m)	microenterprise
otorgar	to award
población (f)	village
premio (m)	prize
quedar	to stay
sabor (m)	taste
vapor (m)	steam

7

agricultura (f) ecológica	organic farming
cartera (f)	wallet
gastar	to spend
llamada (f)	call
llave (f)	key
quemar	to burn

Práctica en parejas

A

1 You are the producer of "Gran Hermano" interviewing a possible candidate for the programme. Find out about his/her adaptability, personality, ability to cope with stress, etc. by presenting him/her with possible situations/scenarios. Be tough!

Por ejemplo: **A** ¿Que harías si el Gran Hermano decidiera asignarte una ración de pan y agua mientras tus compañeros disfrutan de una paella espectacular con mucho vino y postre?

B No me importaría que el Gran Hermano me obligara a comer sólo pan y agua, pero lo que me haría tener un ataque de nervios en cámara sería no tener acceso a mi maquillaje.

A ¿Cuál sería tu reacción si el Gran Hermano te dijera que alguien de tu familia ha tenido un accidente, pero no puedes salir de la casa para ir a verlo?

B Si me dijeran que alguien de mi familia está en el hospital, pensaría que es todo una broma del Gran Hermano y no me preocuparía.

Práctica en parejas

B

1 You are a candidate to be a housemate in "Gran Hermano". Your partner is the producer interviewing you. Answer his/her questions about your personality, adaptability, ability to cope in stressful situations, etc. Remember to be interesting and a bit outrageous, even if it means departing from the truth. You want to be on the telly!

Por ejemplo:

A ¿Que harías si el Gran Hermano decidiera asignarte una ración de pan y agua mientras tus compañeros disfrutan de una paella espectacular con mucho vino y postre?

B No me importaría que el Gran Hermano me obligara a comer sólo pan y agua, pero lo que me haría tener un ataque de nervios en cámara sería no tener acceso a mi maquillaje.

A ¿Cuál sería tu reacción si el Gran Hermano te dijera que alguien de tu familia ha tenido un accidente, pero no puedes salir de la casa para ir a verlo?

B Si me dijeran que alguien de mi familia está en el hospital, pensaría que es todo una broma del Gran Hermano y no me preocuparía.

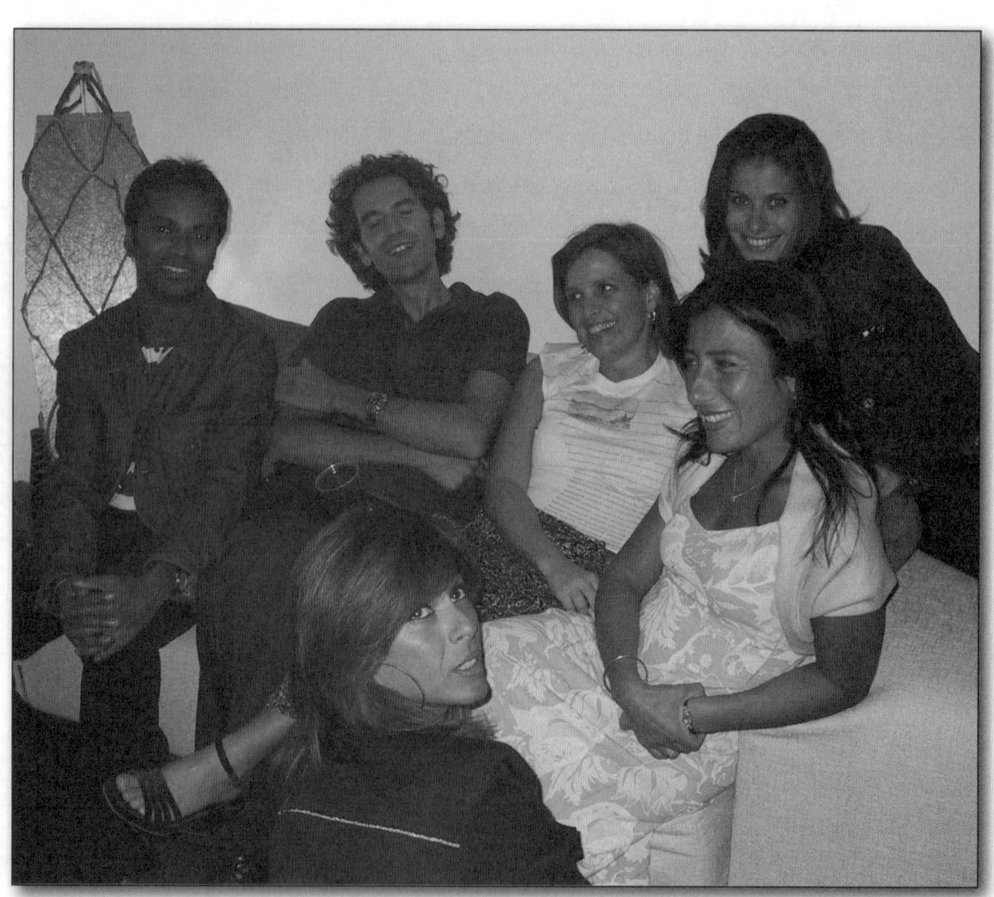

10 Punto y final (revisión)

This overview unit draws on the whole book to enable you to consolidate and practise what you have learnt.

1 La entrevista de Sebastián

Escucha atentamente y rellena el currículum con la información correcta.

DATOS PERSONALES

Nombre: ______
Lugar de nacimiento: ______
Dirección: ______
Teléfono de contacto: ______
Estado Civil: ______

FORMACIÓN ACADÉMICA

______

______

EXPERIENCIA LABORAL

______

______

AFICIONES

______

______

2 Más entrevistas

Tu compañero/a tiene una entrevista. Hazle preguntas utilizando la sección 1 como modelo y anota sus respuestas.

DATOS PERSONALES

Nombre: ______
Lugar de nacimiento: ______
Dirección: ______
Teléfono de contacto: ______
Estado Civil: ______

FORMACIÓN ACADÉMICA

______

______

EXPERIENCIA LABORAL

______

______

AFICIONES

______

______

3 La carta de presentación de Helena

Imagina que recibes esta carta de presentación. ¿Qué preguntas le haríais a Helena en la entrevista?

D. José Márquez
Fotos Márquez
C/ Jazmín, 28
34500 Valencia

22 de octubre

Estimado señor Márquez:

He visto su anuncio en el periódico y le escribo para solicitar el puesto de ayudante.

Estoy estudiando en la universidad y necesito un trabajo para pagar mis estudios. Previamente, he trabajado como voluntaria en un club de cocina para amas de casa. Yo organizaba las clases semanales y compraba el material necesario para cada clase. Creo que soy la candidata ideal para este puesto porque he estudiado idiomas y tengo experiencia con el público.

Soy una persona extrovertida y tengo muchas aficiones como, por ejemplo, salir a pasear por el campo con amigos u organizar fiestas de cumpleaños en una discoteca local. Podría añadir que, a veces, soy un poco introvertida porque me encanta leer libros, ir al cine y disfrutar de una puesta de sol yo sola. También practico algunos deportes como el kárate, el aeróbic o el puenting.

Atentamente,

Helena López Barqueros

Helena López Barqueros

4 ¡Vaya plan!

Escucha la conversación entre estas dos personas y decide si las siguientes afirmaciones son verdaderas (V) o falsas (F).

a A Pili no le encantaría ir de compras.
b Mili iría al cine.
c El novio de Mili también preferiría ir a la playa a beber cerveza.
d Al marido de Kiki le sorprendería la visita de Mili y Pili.
e Mili sugiere ir a un partido de rugby.
f Las chicas tendrían que dejar sus teléfonos móviles en casa.
g Mili necesitaría ir a la pizzería antes del partido

5 ¿Qué planes tenéis?

Vuelve a leer las afirmaciones anteriores con tu compañero/a y reconstruye el diálogo entre las dos chicas.

6 Una mala noche

Completa la conversación con el vocabulario adecuado. Después escucha el diálogo y comprueba tus respuestas.

–Anoche estaba fatal.
–¿Qué te pasó?
–Cuando llegué a casa a las siete, me dolía mucho **a** ______
–¿Tomaste algo?
–Sí, tomé paracetamol. A las ocho, me dolía **b** ______
–¿Y qué hiciste?
–Pues tomé un zumo de naranja y limón.
–¿Tenías fiebre?
–No lo sé. Estaba mareado y tenía **c** ______ ardiendo.
–Posiblemente tenías un poco de fiebre.
–A las nueve y media, tuve que acostarme porque me dolía mucho **d** ______
–¿Tomaste algo antes de acostarte?
–No tomé nada porque me dolía también **e** ______
–¿Has ido al médico?
–No, porque no he tenido tiempo.
–Pues deberías ir hoy mismo.

brazo	cabeza	espalda	estómago	frente	garganta
mano	nariz	ojos	ombligo	piernas	rodillas

7 Otra mala noche

a Practica el diálogo con tu compañero/a haciendo los cambios necesarios para inventarte una historia nueva.

b Ahora cambia de pareja y explícale qué le ocurrió la noche pasada a tu compañero/a anterior.

8 A propósito...

a Este es un extracto del guión de una telenovela española. Escucha la conversación entre dos de los personajes principales, Olivia y Pablo, y contesta a estas preguntas.

i ¿Dónde estaban?

ii ¿Qué estaban haciendo?

b Escucha la telenovela otra vez y resume el argumento a tu compañero/a.

c Lee el guión de la telenovela y rellena los huecos. Después, escucha y comprueba tus respuestas.

Pablo: Sí, quiero.
Padre: Olivia, ¿quieres a Pablo como legítimo **i** ______ hasta que la muerte os separe?
Olivia: No lo sé, padre. Pablo, necesitaría saber una cosa: ¿dónde vivías cuando eras joven?
(*murmullos*)
Pablo: Vivía en Calpe.
Olivia: ¿Qué estudiabas?
Pablo: No estudiaba.
Olivia: ¿A qué te dedicabas?
Pablo: Era **ii** ______ .
Olivia: ¿Dónde trabajabas?
Pablo: Trabajaba en el **iii** ______ de mi padre.
Olivia: ¿Qué hacías los fines de semana?
Pablo: ¿Los fines de semana? Los fines de semana tocaba la **iv** ______ junto al mar.
Olivia: ¿Tenías una hermana que se llamaba Anastasia?
Pablo: Sí, tenía una hermana, Anastasia, y tres hermanos más. Pero no comprendo…
Olivia: Pablo, no puedo casarme contigo.
Pablo: ¿No?
Padre: ¿No?
Olivia: No. Acabo de descubrir que eres el hermano de mi peor **v** ______ en la escuela.
(*murmullo general*)

enemiga	esposo	flauta	mecánico	taller

d Repite el diálogo con tu compañero/a, cambiando la información donde sea posible.

e Basándote en los datos del guión, inventa ahora una biografía para Olivia.

Por ejemplo: *Cuando era joven, Olivia vivía en Calpe con sus padres y sus hermanos…*

f Por último, tres personas de la clase leen sus versiones de la biografía de Olivia. El resto de los compañeros anotan las diferencias entre las tres versiones.

Iglesia de San Vicente, Ávila

9 Niños europeos

Usa las pistas para completar correctamente el cuadro.

	francés	inglesa	español	alemana	italiano
Profesión					
Puerta casa					
Aficiones					
Animales					

Cuando eran niños…

- El ingeniero y el psicólogo vivían en una casa con la puerta azul.
- La asistenta social vivía en una casa con la puerta verde y la enfermera, en una casa con la puerta blanca. La primera era campeona regional de monopoly y la segunda veía mucha televisión.
- El francés y la inglesa tenían un gato y un dálmata respectivamente.
- El español y la enfermera tenían un canario cada uno.
- El psicólogo no tenía animales en casa pero solía ir al zoológico todos los fines de semana.
- El periodista vivía en una casa con la puerta amarilla y trabajaba como voluntario en un centro médico de su ciudad.
- El francés jugaba al fútbol tres veces por semana.
- El periodista vivía en una casa entre la inglesa y la alemana.
- La alemana tenía un canario amarillo.
- El francés vivía en la primera casa y tenía una puerta azul.
- El italiano no tenía animales en casa.

10 Corazones rotos

Escucha al Doctor Moreno, experto en asuntos amorosos, dando consejos en su programa radiofónico y completa las siguientes afirmaciones.

"Si estás sufriendo tú las rupturas amorosas de tus amigos, en primer lugar es aconsejable que **a** ____________________

Si la persona afectada se niega a superar su problema, es mejor que **b** ____________________

Si se obsesiona con su ruptura, es importante que **c** ____________________

Pero, sobre todo, es esencial que **d** ____________________."

asuntos amorosos	love matters	**involucrarse**	to get involved
cruzar	to cross	**maduro**	mature
distraer	to amuse	**sola**	by herself

11 La nota

Tu mejor amiga se va de vacaciones por un mes y te ha pedido que cuides su casa.

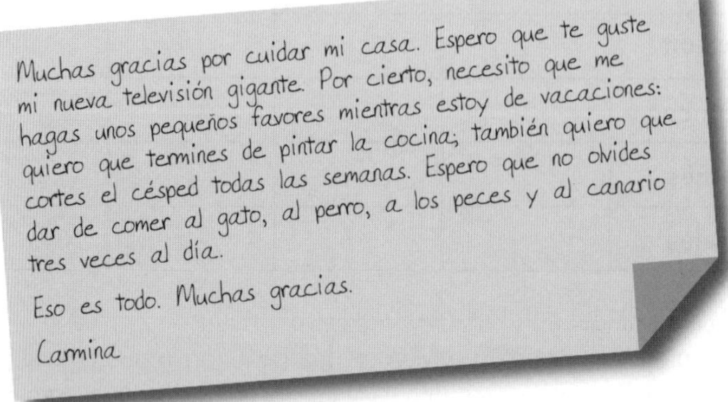
Muchas gracias por cuidar mi casa. Espero que te guste mi nueva televisión gigante. Por cierto, necesito que me hagas unos pequeños favores mientras estoy de vacaciones: quiero que termines de pintar la cocina; también quiero que cortes el césped todas las semanas. Espero que no olvides dar de comer al gato, al perro, a los peces y al canario tres veces al día.

Eso es todo. Muchas gracias.

Carmina

a Señala lo que Carmina te ha pedido que hagas:

i She asks you to look after her house.
ii She asks you to fix her new TV.
iii She wants you to finish painting her kitchen.
iv She needs you to walk the dog.
v She wants you to mow the lawn once a week.
vi She asks you not to feed her pets.

b Explícale a tu compañero/a en inglés lo que Carmina quiere que hagas.

c Ahora te vas tú de vacaciones. Escribe una nota a la persona que va a cuidar tu casa explicándole qué quieres que haga.

12 En casos de emergencia

a A continuación, encontrarás cuatro situaciones de emergencia. Completa las frases diciendo qué harías tú en dichas situaciones.

Por ejemplo: Si hay fuego en el edificio, es mejor que llame a los bomberos.

i Si encuentro un paquete sospechoso en el aeropuerto, es esencial que…
ii Si hay una inundación, es aconsejable que…
iii Si soy testigo de un accidente grave, es importante que…
iv Si estoy en un país extranjero y pierdo mi pasaporte, es aconsejable que…

b En grupos de tres o cuatro personas, comenta situaciones de emergencia y las medidas que sería necesario tomar.

Por ejemplo: *Si hay un terremoto, es importante…*

¡Extra!

13 Mensajes

Escucha tres mensajes diferentes. Intenta descubrir de qué tipo son, si se trata de mensajes formales o informales y resume el contenido en inglés. Rellena el cuadro con las palabras clave.

	Tipo de mensaje	Formal	Informal	Resumen
Mensaje uno				
Mensaje dos				
Mensaje tres				

14 El juego de la culpa

Lee esta reflexión personal sobre un artículo periodístico. Aunque no comprendas todas las palabras, no uses el diccionario.

Hace meses, leí un artículo titulado "El juego de la culpa" en un periódico inglés. El artículo argumentaba que la gente que tenía serias dificultades económicas, sufría una enfermedad llamada "fobia financiera". Se afirmaba que todo formaba parte de una tendencia a justificar cualquier debilidad de personalidad redefiniéndola como una enfermedad. Así pues, una persona obesa, no sería una persona gulosa, ni una persona alcohólica sería un borracho y el hecho de que una persona esté en números rojos, no tendría nada que ver con los conceptos de irresponsabilidad y despilfarro. El artículo terminaba condenando esa filosofía de vida y defendiendo la teoría de que todos debemos aceptar las consecuencias de nuestros propios actos. Pienso que el autor del artículo tiene razón y creo que cuanto antes aprendan las generaciones más jóvenes a ser responsables, mejor. Por lo que a mí respecta, tengo la intención de seguir culpándome a mí mismo de cualquier estupidez que pueda cometer ya sea por ignorancia o por descuido.

a Capta la idea esencial del texto y resúmelo en inglés en dos o tres líneas.

b Encuentra estas expresiones en el texto.

i argued that
ii claimed that
iii character weakness
iv greedy
v the fact that
vi was in the red
vii it had nothing to do with
viii the author is right
ix I believe that
x the sooner, the better
xi as far as I'm concerned

Ejercicios de gramática

1 Complete the following questions with the right word.

a ¿ ______ ha dicho la verdad, él o ella?
b ¿ ______ asignaturas suspendisteis el trimestre pasado?
c ¿ ______ te gusta más: el coche rojo o el azul?
d ¿ ______ solían vivir Rebeca y sus hermanas cuando eran niñas?
e ¿ ______ quieres que estudiemos alemán?
f ¿ ______ te gustaría hacer este fin de semana?
g ¿ ______ sacarías a un elefante de una piscina?

cómo	cuál	cuántas	dónde	por qué	qué	quién

2 Choose the right verb in brackets to fill in the blanks.

a Si te interesa el trabajo, ______ enviar tu currículum. (te gustaría/preferirías/deberías)
b Este verano, él ______ que encontrar un trabajo. (debería/tendría/podría)
c Estamos seguros de que te ______ vivir en aquella casa. (preferirías/necesitarías/encantaría)
d ¿ ______ viajar de noche o de día? (preferiríais/gustaría/encantaría)
e Nosotros no ______ trabajar en estas condiciones. (podríamos/preferiríamos/tendríamos)
f ¿A quién le ______ ser bombero? (gustaría/debería/podría)
g Para ser cien por cien feliz, ______ tener salud, dinero y amor. (tendrían/necesitarían/gustaría)

3 Imperfect or preterite? Which of the bracketed forms is correct?

a El año pasado (terminé/terminaba) mis estudios de Antropología.
b Cuando era niño, (visité/visitaba) a mis primos todos los meses.
c Para mejorar su pronunciación, él (practicó/practicaba) todos los días.
d En 1985, el presidente del gobierno español (fue/era) Felipe González.
e Cada año, durante sus vacaciones, ella (fue/iba) a la casa de sus abuelos.
f Ayer, a las diez de la mañana, (hice/hacía) mi último examen.
g Ellos se (casaron/casaban) el 5 de enero de 1989.

4 Translate the verbs in brackets into Spanish.

a Cuando ellos ______ (arrived), yo ______ (was making) la cena.
b Él ______ (was studying) para su examen y yo le ______ (disturbed).
c Cuando Lourdes ______ (rang), yo ______ (was having a shower).
d El viernes a las once de la noche, nosotros no ______ (were sleeping).
e El sospechoso ______ (was talking) con la policía anoche.
f A las dos de la mañana, yo ______ (was working) todavía.
g Martín ______ (was watching) la televisión, cuando tú y yo ______ (arrived) a casa.

5 Reconstruct the questions to which the following are the answers.

a Ha ganado el caballo número siete.
b He comprado más vino porque vienen mis amigos a cenar esta noche.
c He sacado 40€ del cajero automático.
d Este año hemos estado de vacaciones en Cancún.
e Hemos estudiado Económicas en la universidad.
f Ella ha hecho las natillas con leche, huevos y azúcar.
g No hemos llamado esta tarde porque no hemos podido.

6 Match up the correct halves of the sentences.

a Cuando empezó la película
b Él no había llegado a casa todavía
c Cuando la ambulancia llegó
d El ladrón había huido
e El precio de los ordenadores había subido
f Los clientes no habían tomado café
g Juan no había llegado a la estación

1 el enfermo se había recuperado.
2 cuando apareció la policía.
3 cuando el camarero trajo la cuenta.
4 cuando el tren salió.
5 cuando llamó su jefe.
6 cuando compramos el nuestro.
7 la niña se había dormido.

7 Choose the correct form of the verbs in brackets.

a Es probable que (aprobamos/apruebe) todos mis exámenes este año.
b Aunque me gustaría trabajar en un bar, es mejor que (trabajo/trabaje) en un banco.
c Quiero que él me (dice/diga) la verdad, toda la verdad y nada más que la verdad.
d Sobre todo, es importante que tú (fríes/frías) las patatas primero.
e Según estudios recientes, es esencial que todos (cuidamos/cuidemos) el medio ambiente.
f ¡Ojalá (ganaré/gane) la lotería!
g Los médicos dicen que no es aconsejable que (tomamos/tomemos) el sol más de 15 minutos.

How many of these verbs can you find in Spanish in the word search?

a	p	r	o	b	a	r	p	e	p	e	a	r	c	o	f	r	e	i	r
ñ	e	d	a	s	a	e	x	t	e	n	d	e	r	f	f	w	a	m	q
p	l	o	p	l	o	c	g	v	b	n	y	u	m	n	j	u	d	p	s
x	a	z	e	n	b	o	m	n	b	v	u	j	h	t	y	e	s	o	m
b	r	i	t	a	b	r	d	q	w	e	r	t	y	u	i	o	p	n	l
e	p	o	s	d	e	d	e	s	m	a	y	a	r	s	e	s	i	e	n
s	i	n	f	a	e	a	s	n	a	s	f	a	e	n	s	f	a	r	e
o	t	a	s	r	n	r	o	p	r	r	a	d	n	i	r	b	m	u	s
a	c	h	o	m	a	d	r	u	c	g	a	r	d	a	i	m	a	n	r
c	o	n	t	r	a	t	a	r	a	e	c	e	i	m	t	a	s	t	a
d	t	e	m	p	r	a	n	i	r	s	s	s	r	i	r	m	o	s	z
a	m	i	o	v	i	e	e	u	n	o	z	o	s	m	e	b	i	e	i
r	r	a	t	n	e	s	e	r	p	c	a	s	e	r	v	o	a	l	l
d	a	l	a	i	l	l	a	m	a	i	n	s	r	e	n	o	p	f	i
e	v	f	r	n	i	t	o	r	z	x	ñ	i	o	m	o	m	z	j	u
t	r	f	a	n	g	o	r	a	i	r	a	t	r	o	c	a	o	a	q
e	e	a	v	s	d	f	g	s	h	j	k	l	m	n	b	v	s	a	n
r	s	g	a	h	n	j	u	l	m	x	c	d	a	s	w	e	l	t	a
i	e	i	l	k	ñ	g	t	u	d	i	s	f	r	u	t	a	r	a	r
a	r	i	r	e	f	e	r	p	d	c	e	s	e	i	x	x	x	n	t

to add
to arrive
to be late
to book
to buy
to call
to calm down
to carry on
to come
to consult
to cry
to cut

to dazzle
to dial
to employ
to enjoy
to fail
to fall down/off
to faint
to fight
to forget
to fry
to get married
to give up

to govern
to heat up
to help
to hit
to impose
to introduce
to know
to meet someone
to learn
to let
to look after

to look for
to lose
to make an appointment
to mix
to pass
to pay
to peel
to prefer
to preside
to press
to put

to put in
to remember
to run over
to save
to sink
to spread
to suggest
to stop
to take
to take out
to toast
to turn into

to wait
to walk
to wash
to whisk
to write down

Práctica en parejas

1 Your partner wants to know what you would like to do this weekend. Tell him/her and then listen to any objections and offer alternative ideas.

2 You have booked a room in a Spanish hotel. Its entry in the tourist guide reads:

> *Single room, for three nights, with central heating, television, radio, telephone, shower and mini-bar. Swimming pool (payable).*

Your partner is the manager. You phone him/her to confirm details but discover that the booking is not exactly as you wanted. Remind him/her you booked three months previously and insist on what you had agreed to for as long as you can!

3 Here you have a list of potential jobs.

abogado	actor	ingeniero	peluquero	policía	relaciones públicas

In turns, list all the essential requisites of each one. Use expressions like these:

Tendría que...
Debería...
Podría...
Necesitaría...

4 You and your partner are looking for the right candidate to fill the 'Customer Services' vacancy. You don't seem to agree with each other. Role-play the conversation using the following expressions:

Es aconsejable que...
Es esencial que...
Es importante que...
Es mejor que...

Práctica en parejas

1 Ask your partner what he/she'd like to do this weekend. Unfortunately, you are a bit reluctant to do so. Come up with some excuse and/or say what you'd prefer to do instead.

2 Your partner plays a customer who has booked a room in your hotel. He/She is ringing to confirm but you say there are a few changes you've had to make. You can only offer a room like the one below:

Double room, for three nights, with air conditioning, radio, hydromassage bath and mini-bar. The swimming pool is closed for refurbishment but there is a tennis court.

Break it to him/her tactfully, then respond to what your partner says. Try to hold the line but be ready in the end to compromise on some details if necessary.

3 Here you have a list of potential jobs. In turns, list all the essential requisites of each one. Use expressions like these:

Tendría que...
Debería...
Podría...
Necesitaría...

abogado	actor	ingeniero	peluquero	policía	relaciones públicas

4 You and your partner are looking for the right candidate to fill the 'Customer Services' vacancy. You can't seem to agree with each other. Role-play the conversation using the following expressions:

Es aconsejable que...
Es esencial que...
Es importante que...
Es mejor que...

Más práctica

1 Una excursión

Your parents have been on a day trip to Ronda. Read the timetable and relate what they have done.

Por ejemplo: *Mis padres han llegado a Ronda a las ocho de la mañana.*

08.00 Llegada a Ronda.

09.00 Visita a la Plaza de Toros y recorrido por la ciudad antigua.

12.00 Almuerzo en "El Tragabuche".

15.00 Espectáculo flamenco en el hotel.

17.00 Cóctel de despedida en el hotel.

19.00 Salida de Ronda.

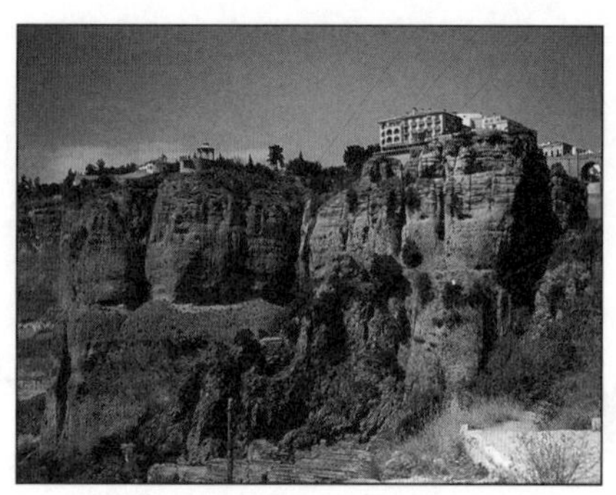

2 En la recepción

a Listen to the dialogues and complete the grid.

Personas	Habitaciones	Noches	Pregunta

b You are at the reception desk. Listen carefully and speak after the prompts.

c Now it is your turn to ask the questions following the instructions in English on the recording.

3 Hotel Atlántico

Read the information about the hotel and answer the questions.

Nuestro hotel le da una cordial bienvenida a la ciudad y se complace en ofrecerle los servicios de más alta calidad en la zona atlántica.

- 100 habitaciones con vista al mar
- Aire acondicionado
- Servicio de bar, cafetería y restaurante
- Sala de conferencias (video conferencia)
- Circuito cerrado de televisión
- Piscina climatizada

¡Visite nuestro restaurante especializado en pescados y mariscos locales!

El hotel organiza también excursiones a lugares de interés, a tiendas de artesanía en la zona y a las otras islas del archipiélago. Para más información, pregunte en recepción.

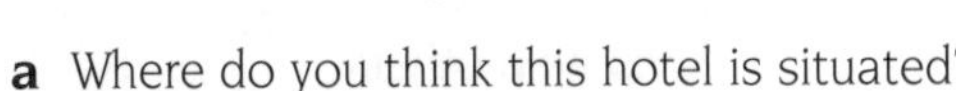

a Where do you think this hotel is situated?
b What is the special feature of the swimming pool?
c Can you watch the BBC from your room?
d Would this hotel be suitable for a family with young children? Why?
e What are the chances of getting an English Sunday roast at the restaurant?
f Does the hotel organize any other activities?

4 ¡A que no sabes dónde estoy!

Write a holiday postcard to a friend with the information provided below.

Querida Cristina:
montañas muy altas /
ciudad colonial / mercado /
ponchos muy bonitos /
falta de oxígeno /autobús turístico /
paisajes espectaculares /
mujeres con faldas de muchos
colores y niños a la espalda /
ruinas muy famosas de una ciudad
indígena
Un abrazo,
María

sello

1 ¡¡Qué me dices!!

Listen and speak after the prompts.

2 Expresiones idiomáticas

a Match each expression to its English equivalent.

1 abrir la mano con las notas
2 aprobar por los pelos
3 costar un riñón
4 no dar pie con bola
5 empinar el codo
6 estar hasta las narices
7 tener mucho ojo
8 estar de los nervios
9 ser uña y carne
10 dar la cara
11 poner el hombro
12 no mover un dedo por nadie/alguien

a to face up to a situation
b to drink excessively
c to be unhelpful
d to be generous with marks
e to be very close friends
f to scrape through an exam
g to be stressed out.
h to help others
i to cost a fortune
j to get everything wrong regularly
k to be very vigilant
l to be fed up with something or someone

b Now write a sentence with each expression.

Por ejemplo: *Aprobé el examen porque la profesora abrió la mano con las notas.*

3 Un trimestre horrible

Listen and speak after the prompts.

4 Una página del diario de Belén

Read and answer the questions.

Querido diario:

Hoy estoy un poco deprimida. Anoche tuve mucho trabajo con mis ensayos de lingüística y otras asignaturas y no pude ir a la fiesta en el piso de Susana. Mis amigos me han dicho esta mañana que fue una fiesta estupenda con música latinoamericana, que a mí me gusta muchísimo. También comieron muchos platos deliciosos típicos de Colombia y Méjico, y el baile duró hasta las tres de la mañana. Y yo estuve trabajando en mi habitación. ¡Qué rollo! Pero eso no es lo peor. Por lo visto, ¡Leandro fue a la fiesta! Es un chico argentino muy guapo y simpático que conocí el otro día en el bar de la universidad. Susana me contó que Julia estuvo bailando y charlando con él toda la noche. También intercambiaron números de teléfono y han quedado para el sábado. ¡Es injusto! A mí me gusta mucho ese chico. Y, para colmo, cuando terminé mi ensayo no pude imprimirlo porque se rompió el ordenador. Fue un día para olvidar.

a ¿Por qué no fue a la fiesta Belén?
b ¿Qué hicieron los invitados?
c ¿Quién es Leandro?
d ¿Qué hizo Julia?
e ¿Por qué cree Belén que la situación es injusta?

5 Querido diario...

Now imagine you are Julia. Write a page in your diary describing what happened at the party.

Hoy estoy muy contenta porque anoche...

6 Fútbol

a Listen to the dialogue between the Alpedrete Fútbol Club doctor and a journalist.

b Now decide if the answers are true (V) or false (F).

i Joselito se cayó en la calle.
ii Ya no puede jugar más este año.
iii Robertinho tuvo un accidente.
iv Robertinho se comunicó con el doctor por fax.
v Pedro Pablo cogió frío hace dos semanas.
vi El partido contra el Granada fue la semana pasada.

1 ¿De quién se habla?

a Listen to the information about three famous people. Who are they?

b Think of other famous people whose lives have changed and write about them. Use words from the box.

Por ejemplo: *Antes era una actriz muy famosa... ahora es política.*

antes	todavía	ya no	sigue

2 Salvador Dalí

With the information below, write about Salvador Dalí's life in his youth and in his later years.

Por ejemplo: Cuando era joven vivía en París.

Cuando era joven...	En su vejez...
• (vivir) París	• (vivir) solo
• (ser) amigo de García Lorca	• (estar) enfermo
• (llevar) una vida agitada	• (seguir, ser) excéntrico
• (salir) periódicos/revistas por sus excentricidades	• (no recibir) periodistas
• (estar) casado con Gala	• (echar de menos) a su mujer

Salvador Dalí: (1904–1989) Pintor español. Famoso por su estilo único y por su excéntrico estilo de vida. Amigo de escritores, pintores y cineastas, especialmente en su juventud. Casado en 1955 con el gran amor de su vida: Gala. Autor de numerosos cuadros famosos, varios de ellos con su esposa como modelo.

Exposiciones en todas las grandes capitales del mundo. Decadencia a partir de 1982, con la muerte de Gala. Uno de los artistas más singulares del siglo XX, sin lugar a duda.

3 Érase una vez...

Read the beginning of this fairy story and answer the questions that follow in English.

> Érase una vez un rey que vivía en un país muy lejano. Era muy rico y tenía un hermoso palacio cerca de un lago donde se mecían unas embarcaciones muy lujosas. El parque del palacio se extendía hasta el bosque donde nadie iba porque se decía que estaba embrujado. Pero el rey no se preocupaba por esto porque tenía otras cosas en qué pensar. Su mayor orgullo era su familia: tenía doce hijas a cual más bonita y quería casarlas para asegurar su futuro, y por su parte, tener una vejez tranquila.
>
> El rey sabía que encontrar marido para doce niñas era muy difícil; pero también sabía que en el bosque vivía una hechicera famosa por su sabiduría. Entonces...

a Where did the king live?

b Why was the forest dangerous?

c What was the king's dearest wish?

d What do you think he decided to do?

4 Tecnología moderna

a You are going to compare your life with the life of someone of your own age in the 1960s. Start by sorting these suggestions into two columns and then add your own ideas.

tener teléfono móvil   cocinar con ingredientes básicos
buscar infomación en la biblioteca   ir a la estación a mirar el horario de trenes
usar hornos microondas   escribir cartas a los amigos   ver películas en DVD

ANTES	AHORA

b Now write sentences with the information in **a**.

Por ejemplo: *Antes iban a la estación a mirar el horario de los trenes, pero ahora nosotros lo miramos en internet.*

c Now write a short paragraph about what is better (or worse) about modern technology.

4 ¡Qué tiempos aquellos!

1 El crucigrama

Translate each verb into the right tense in Spanish and complete the crossword.

Horizontal

1 At that moment, she **stopped** drinking coffee because it was bad for her health.
2 We **got drunk** every weekend.
3 She **said** her lessons started at nine o'clock in the morning.
4 I **used to** drink a lot when I was at uni.
5 Where did he **live** at that time?
6 When I **was** younger, I smoked a lot.

Vertical

1 She once **read** that sunflower seeds were good for you.
2 When I was forty years old, I **practised** yoga every day.
3 We stopped going to the disco when we **got married**.
4 I **thought** he ate a lot but obviously I was wrong.
5 When I was a student, I **smoked** twenty cigarettes a day.
6 In those days, she **studied** at the library.

1 dejó

Comillas, Cantabria

2 Antes y después

a Listen to Julio describing his life before and after he got married.

b Now listen again and say whether these statements are true (V) or false (F).

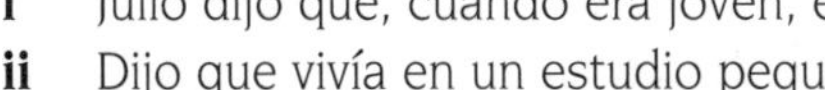

i Julio dijo que, cuando era joven, era inmaduro e irresponsable.
ii Dijo que vivía en un estudio pequeño.
iii También dijo que tenía un perro.
iv Dijo que, en aquella época, se levantaba a las nueve y media de la mañana.
v Y dijo que, en sus días de estudiante, comía en la cantina con sus compañeros.
vi Dijo que, generalmente, estudiaba en la biblioteca.
vii Julio dijo que salía todas las noches.
viii Julio dijo que no encontró trabajo después de terminar su carrera.
ix También dijo que, cuando se casó, se mudó a un estudio más grande.
x Dijo que dejó de ir a la discoteca cuando se casó.

3 Destino cruel

Read the following story and write a summary in English.

Un hombre caminaba por la calle cuando, de repente, se encontró con un viejo amigo. Un amigo al que no veía desde que estudiaban en la escuela. Los dos amigos se saludaron y se alegraron mucho de volver a encontrarse. Hablaron interminablemente durante horas. Entonces, uno de ellos, Jorge, le preguntó a su amigo si se había casado. Valentín le dijo que no y Jorge se sorprendió.

—Cuando tenía veinte años, buscaba desesperadamente a una mujer sexy. —explicó Valentín.

—¿Y la encontraste? —preguntó Jorge.

—Sí, encontré a la mujer más sexy del mundo.

—¿Y te casaste con ella? —preguntó Jorge.

—No. No me casé con ella porque era una persona muy superficial. —explicó Valentín. —Después, cuando tenía treinta años, buscaba una mujer elegante. —dijo Valentín.

—¿Y la encontraste? —preguntó Jorge.

—Sí, encontré a la mujer más elegante del mundo.

—¿Y te casaste con ella? —preguntó Jorge.

—No. No me casé con ella porque era una persona muy fría y distante. —explicó Valentín.

—Años más tarde, cuando tenía cuarenta años, buscaba una mujer inteligente.

—¿Y la encontraste? —preguntó Jorge.

—Sí, encontré a la mujer más inteligente del mundo.

—¿Y te casaste con ella?" —preguntó Jorge.

—No. No me casé con ella porque ella también estaba buscando a un hombre inteligente.

5 ¡Si es urgente, pide cita!

1 Cocina rápida para estudiantes

Listen to the recipe for a delicious paella and fill in the quantities and times.

≈≈≈≈≈≈≈≈ Paella valenciana ≈≈≈≈≈≈≈≈

Ingredientes:

a _______ gramos de conejo
b _______ gramos de pollo
c _______ gramos de judías verdes
d _______ gramos de tomate
e _______ gramos de guisantes
f _______ gramos de arroz
g _______ ajo
h _______ pimiento(s)
sal
azafrán
aceite de oliva
i _______ litros de agua

Preparación:

Pon la paellera en el fuego. Echa un poco de aceite de oliva. Fríe el conejo y el pollo a fuego lento unos **j** _______ minutos aproximadamente. Añade las judías verdes, el tomate, **k** _______ diente de ajo, **l** _______ pimiento y los guisantes y fríelo todo junto con la carne durante **m** _______ minutos.
Añade **n** _______ litros de agua, un poco de sal y el azafrán. Cuécelo todo durante unos **ñ** _______ minutos. Añade **o** _______ gramos de arroz y cuécelo durante otros **p** _______ minutos aproximadamente. Apaga el fuego y deja reposar la paella entre **q** _______ y **r** _______ minutos.

≈≈≈≈≈≈≈≈≈≈≈≈≈≈≈≈≈≈≈≈≈≈≈≈≈≈≈≈≈≈≈≈≈≈≈

apagar	to turn off	**judía** (f) **verde**	long fine bean
arroz (m)	rice	**paellera** (f)	paella pan
azafrán (m)	saffron	**pimiento** (m)	green/red pepper
cocer	to cook	**pollo** (m)	chicken
conejo (m)	rabbit	**reposar**	to settle
diente de ajo (m)	clove of garlic	**sal** (f)	salt
guisante (m)	green pea		

2 Una carta de Natalia a Sofía

Read the letter and answer the questions.

Querida Sofía:

Tengo la solución perfecta para "tu problema". Necesitas una imagen de San Antonio y catorce velas. Pon la imagen de San Antonio boca abajo. A continuación, enciende una vela y ponla delante de la imagen. También tienes que rezar una oración al santo. Si necesitas un novio, esta vieja receta mágica mejicana te ayudará a encontrarlo.

Recuerda que tienes que repetir el proceso durante dos semanas.

Espero que tengas suerte.

Natalia

imagen (f)	picture
boca abajo	upside down
encender	to light
vela (f)	candle
rezar	to pray
oración (f)	prayer
novio (m)	boyfriend

a ¿Cuál es el problema de Sofía?
b Según Natalia, ¿qué tiene que hacer Sofía?
c ¿De dónde es la receta mágica?
d ¿Cuánto tiempo tiene que esperar para ver los resultados?

3 Enviando un mensaje de texto

Listen and speak after the prompts.

4 ¿Puedo pedirte un pequeño favor?

Put the instructions below into Spanish for the benefit of a friend who has little English. Then listen and check.

Go to the kitchen and open the fridge. Take the bottle of milk and heat some of it in a saucepan. Next to the fridge, there is a blue cupboard. Open it. On the second shelf there is a packet of cereals. Put some cereal in a bowl. Pour the milk. Add sugar and chocolate powder. Mix it but don't mix it too much! Don't leave the milk out of the fridge and please clean the kitchen. Thank you!

cazo (m)	saucepan	**estantería** (f)	shelf
cereales (m, pl)	cereals	**tazón** (m)	bowl
chocolate (m) **en polvo**	chocolate powder	**paquete** (m)	packet

6 Quiero que me digas la verdad

1 Las expectativas de Florencia

Listen to Florencia talking about her dreams and expectations and find out the following information.

a When she wants to start a new life.
b What she has just done.
c Whether she wants to live in England forever.
d What her parents will think.
e What she hopes will happen in the end.

2 Los deseos de Florencia

Listen to the recording and take your part in the conversation. You are Florencia! Remember to use the subjunctive.

These phrases may be useful:

Estoy segura de que... **Puede que...** **Creo que es importante que...**

3 Un día de estudio

Correct the mistakes in this summary of Pablo's day, described below, and write a correct version. You may need to change the construction of the sentences.

Ayer Pablo se despertó pronto y llegó a la biblioteca dispuesto a estudiar con mucho entusiasmo. Cuando sacó los papeles de la mochila, descubrió que necesitaba un diccionario y se levantó para buscarlo en un estante. Después pensó que no tenía los apuntes correctos, y se puso muy nervioso. Para calmar los nervios, empezó a comer chocolate y continuó durante todo el día. No pudo almorzar porque la cantina estaba cerrada, y pasó dos horas estudiando los temas que no entraban a examen. Menos mal que los otros estudiantes lo ayudaron con sus consejos y palabras amables.
Pablo quiso llamar a su madre, pero descubrió que había olvidado su móvil. Finalmente abandonó la biblioteca a las cuatro de la tarde y tomó un taxi hasta su casa.

Read this account of Pablo's day.

09:00 Suena el despertador. Pablo sigue durmiendo.
10:00 Pablo se despierta en la biblioteca sin comprender cómo ha llegado hasta allí.
10:15 Pablo abre un ojo.
10:30 Pablo abre el otro ojo.
10:43 Pablo saca los apuntes y contempla el infinito.
10:47 Pablo mira los apuntes y descubre que están en húngaro.
10:49 Pablo se dirige al mostrador de entradas y pide un diccionario húngaro-español.
10:52 La bibliotecaria de turno llama a su jefe para preguntarle qué es húngaro.
10:53 El jefe explica que es un idioma imposible.
10:54 La bibliotecaria le dice a Pablo que busque en la sección Idiomas Imposibles.
10:55 Pablo bosteza y decide volver a su mesa para descansar antes de empezar a buscar.

10:57 Ahora que está totalmente despierto, Pablo se da cuenta de que los apuntes están en español.

11:00 Pablo decide bajar a los servicios.

11:10 Pausa para un cigarrillo.

12:30 Después de 23 cigarrillos y un ataque de tos, Pablo vuelve a su sitio.

12:35 Pablo mira los apuntes. Lee las dos primeras líneas.

13:00 Descanso para comer.

14:30 Regreso al estudio. Pablo se siente inspirado. Comienza a hacer dibujitos en una hoja de papel.

14:36 Etapa cubista de Pablo.

15:00 Etapa surrealista de Pablo.

15:20 Etapa abstracta de Pablo. Pablo se retira del mundo de la pintura.

15:21 Pablo mira el reloj, se rasca la cabeza, se pregunta cómo ha pasado tanto tiempo y mira los apuntes.

15:23 Pablo descubre que se ha equivocado de apuntes. Decide tener un ataque de nervios.

15:28 Pablo sale a fumar un cigarrillo para calmar los nervios.

15:56 Después de 12 cigarrillos Pablo se siente mejor. Vuelve a su sitio y mira la otra carpeta de apuntes.

15:58 Pablo mira los apuntes, se rasca la cabeza y comprueba que se ha equivocado de apuntes otra vez.

16:00 Pablo decide suicidarse.

16:15 Luego de contemplar diversos métodos de suicidio, de repente Pablo encuentra los apuntes correctos en su mochila.

16:45 Con mucho esfuerzo, Pablo asimila los 20 primeros temas de la asignatura.

16:46 Pablo encuentra una nota que dice: "Los 20 primeros temas no entrarán en el examen".

16:47 Pablo llora desconsoladamente mientras patea la mesa y la silla.

16:48 Los demás estudiantes intentan matarlo arrojándole pesados volúmenes de gramática latina e ingeniería. Pablo escapa a los servicios.

17:30 Pablo va al bar para buscar algo de comida.

17:31 El bar está cerrado. Pablo decide fumar el último cigarrillo antes de ponerse a estudiar en serio.

18:00 Después de 15 cigarrillos y un enfisema pulmonar, Pablo vuelve a su sitio y se dispone a estudiar.

18:10 Suena su móvil. Es su madre que le aconseja que no estudie demasiado y vuelva a casa pronto para descansar.

18:11 Pablo tira el móvil a la papelera.

18:12 Pablo mira los apuntes.

18:50 Pablo se despierta con los apuntes pegados a la cara. Se oye un anuncio diciendo que la biblioteca cerrará en diez minutos.

19:00 Pablo abandona la biblioteca.

19:01 Pablo enciende un cigarrillo. Recuerda que el examen es mañana a primera hora.

19:02 Pablo se arroja bajo las ruedas del autobús número 13.

7 Me gustaría trabajar aquí

1 Los conflictos de Andrés

a Listen to Andrés saying what he'd like to do and what he should do. Match the following statements.

1 hacer montañismo	**a** hacer más ejercicio físico
2 comprar ropa nueva	**b** estudiar para el examen de alemán
3 levantarse temprano todos los días	**c** limpiar su habitación
4 ver la televisión todo el día	**d** ahorrar para pagar el alquiler
5 tener novia	**e** acostarse tarde

b Read the statements above again and write sentences.

Por ejemplo: **1 A Andrés le gustaría hacer montañismo pero no puede porque debería estudiar para el examen de alemán.**

2 Cuatro candidatos

You are an employer looking for a person to work in your company. Look at the picture and try to imagine what skills and attributes these people may have, judging from their looks.

Por ejemplo: *La primera persona sería una buena candidata para este trabajo. Yo la definiría como una persona innovadora e imaginativa...*

3 "Divina Ella"

Read this article carefully and answer the questions below.

Cada semana, preguntamos a nuestras queridas lectoras su opinión sobre algún tema de actualidad. La pregunta de la semana pasada era:

¿Qué características debería tener el marido ideal?

El 35 por ciento de nuestras lectoras opinan que el marido ideal necesitaría aceptar de una vez por todas que el fútbol es sólo un juego y que perder la EURO Copa no es el fin del mundo. Para no conducir a su mujer a la bebida, el 23 por ciento de nuestras lectoras piensa que, en general, todos los hombres solteros o casados tendrían que saber que cocinar y sacar la basura no provoca impotencia. Un 15 por ciento afirma que el marido ideal no debería regalarle a su mujer ropa interior con estampado de piel de leopardo en los aniversarios de boda. Después tenemos un 12 por ciento de lectoras que preferirían morir solteras a tener un marido que no deja de decir tonterías cada vez que las amigas vienen a casa de visita. El 8 por ciento cree que un buen marido podría aprender a vivir sin su madre y recordar que su mujer no es su madre. Y, finalmente, para evitar ataques de nervios innecesarios, el 7 por ciento de nuestras lectoras coincide en que, el supermarido nunca le preguntaría irónicamente a su mujer algo como: "¿En qué estabas pensando?".

a What percentage of married women claims that the ideal husband should not give underwear as a wedding anniversary present?

b What percentage thinks that husbands should learn to live without their mothers?

8 Me alegro de que hayas venido

1 El lenguaje del cibernauta

The words below are commonly used in the virtual world. Match each one with its English equivalent and then complete the puzzle:

1 archivo	**a** code
2 buscador	**b** crack
3 clave	**c** domain
4 descifrar	**d** file
5 dominio	**e** hacker
6 guardar	**f** mouse
7 pirata	**g** net
8 programa	**h** program
9 ratón	**i** save
10 red	**j** search engine

2 Piratas informáticos

Listen to the dialogue and complete the sentences with an appropriate verb in the subjunctive.

a Según Carlos, **i** es bueno que…
ii es interesante que…

b Según Eva, **i** es absurdo que…
ii es terrible que…
iii es necesario que …

c Según los organizadores, **i** es importante que…
ii es útil que…

d Según los participantes, **i** ya es hora de que…
ii es necesario que…

3 Una tribu muy especial

Read the interview with Profesor Salazar.

Periodista: Profesor, ¿puede explicarnos en qué consistió su proyecto?

Profesor: Sí, como no. Como parte del curso "Personalidad y Tratamiento Psicológico" investigamos los perfiles de los usuarios de Internet. Para eso realizamos una encuesta entre los alumnos de nuestra Universidad, así como en diversos ambientes de trabajo y entre clientes de cibercafés.

Periodista: ¿Y cuáles fueron los resultados? Tengo entendido que han clasificado a los usuarios en cuatro categorías...

Profesor: Así es. En primer lugar están los profesionales que usan el Internet muchas horas al día para obtener información, escribir contenido y programar. Esta actividad les da satisfacciones intelectuales y financieras, pero también puede convertirse en algo muy aburrido. Luego están los aficionados, que se interesan por los contenidos de la Red con propósitos específicos: intercambiar archivos, conocer gente... pero sin que estas actividades interfieran con los otros aspectos de sus vidas.

Periodista: Pero las otras dos categorías son problemáticas...

Profesor: Aquí debemos mencionar a los piratas informáticos que utilizan la Red para fastidiar y causar daños a los demás usuarios e incluso para cometer delitos. Y por último los adictos, que dependen del Internet y tratan de compensar sus problemas sociales y de relaciones pasando más tiempo frente al ordenador. En su versión extrema, esta categoría incluye a los patológicos, que muestran una adicción caracterizada por la falta de control personal, uso abusivo del ordenador y total distorsión de objetivos personales, sociales y/o profesionales.

4 Y tú, ¿qué tipo de usuario eres?

Listen carefully and answer the questions.

a How did the team collect the data for their report?
b How are those internet users described whose interest in the internet is like an illness?
c Which group of people are more likely to be in the extreme categories?
d What are the advantages and disadvantages of being a professional internet user?
e According to the report, in which category would a hacker be?
f In your opinion, in which category is a university student more likely to find himself/herself?

perfil (m)	profile	**fastidiar**	to annoy
usuario/a (m/f)	user	**daño** (m)	harm
encuesta (f)	survey	**delito** (m)	crime
ambiente (m)	environment	**patología** (f)	illness
archivo (m)	attachment		

9 Si cuidáramos nuestro mundo...

1 El Día de la Amistad

a Read these two emails.

De: **Conchita Pómez, secretaria de Recursos Humanos**
A: **Todo el personal de la empresa**
Asunto: **Día de la Amistad**

Queridos colegas:
¡Saludos a todos y felicitaciones por trabajar en nuestra empresa y disfrutar del ambiente de camaradería y aceptación que se percibe desde el momento en que cruzamos el umbral todos los días!
El Departamento de Recursos Humanos ha organizado el "Día de la Amistad", donde tendremos oportunidad de celebrar nuestra participación en los objetivos de la empresa y nuestra seguridad de pertenecer a un equipo exitoso que es modelo y guía de otras empresas.
El programa del día será el siguiente:
Domingo 9 de julio:

8.00am:	Llegada al Centro Holístico de Actividades "Paz Celestial" situado a 30 km del centro. Desayuno internacional al gusto.
9.00am a 1pm:	Actividades comunitarias de integración: carreras, remo, natación, fútbol, salto de altura y de longitud, aparatos gimnásticos, kárate, etc.
1pm a 2pm:	Barbacoa en el jardín. Únicamente carnes ecológicas.
2pm a 5pm:	Actividades comunitarias de integración espiritual: meditación, aromaterapia, intercambio de vivencias espirituales, reiki, etc.
5pm:	Despedida.

Por favor, enviadme sugerencias/correcciones al programa. ¡Este debe ser un día perfecto para todos! Esperando verlos, un abrazo fraternal de
Conchita
PD: la asistencia a este Día de la Amistad es obligatoria.

De: **Director de Recursos Humanos**
A: **Todo el personal de la empresa**
Asunto: **Día de la Amistad cancelado**

Queridos colegas:
Lamento mucho informarles que nuestra dinámica secretaria Conchita ha sufrido un colapso nervioso, aparentemente ocasionado por situaciones estresantes en el trabajo, y los médicos le han recomendado reposo absoluto por dos meses.
Debo decir que en los últimos días se había notado un incremento en los emails recibidos por esta oficina con respecto al Día de la Amistad, con quejas sobre el horario, el menú, la fecha, las actividades planeadas, etc.
Por lo tanto, hemos decidido cancelar el Día de la Amistad y concentrarnos en cosas más fáciles como poner flores y plantas en el área de recepción.
Saludos,
Director de Recursos Humanos
PD: empleados alérgicos a las plantas, por favor abstenerse de enviar emails.

b Write some of the emails Conchita received complaining about the "Día de la Amistad".

Suggestions:

- from the mother of a young family
- from a vegetarian member of staff
- from the members of the company's football team
- from the two plump ladies in Accounts

2 El futuro de nuestro hijo

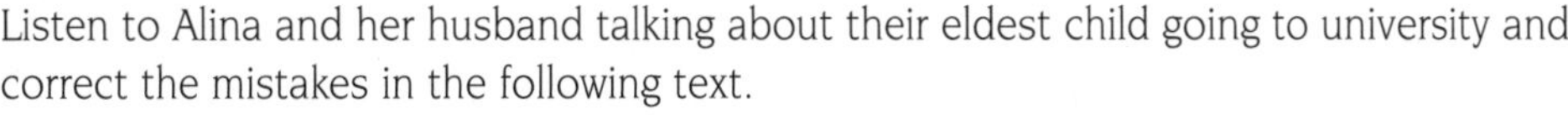

Listen to Alina and her husband talking about their eldest child going to university and correct the mistakes in the following text.

Alina y Ricardo tienen un hijo que quiere estudiar Filología Árabe en la Universidad de Cádiz. Ricardo tiene sus dudas con respecto a la elección de carrera, pero por otra parte espera que cuando empiece a estudiar, su hijo haga un esfuerzo y mejore su actitud irresponsable. En cambio, Alina tiene miedo de lo que pueda pasarle a su hijo lejos de casa por primera vez, sobre todo en el aspecto doméstico, ya que no parece que tenga ninguna disposición hacia tareas como lavar o cocinar. El aspecto económico tampoco está libre de complicaciones: a Alina le gustaría mucho que su hijo consiguiera un trabajo de verano en Madrid antes de ir a la universidad, pero no cree que eso sea posible porque es muy difícil conseguir trabajo si no se tiene ninguna experiencia previa. A Ricardo no le importa pagar por todo durante el tiempo que el muchacho esté en la universidad, después de todo, eso es lo que ha hecho durante toda su vida, y si es más caro, no importa. Pero es esencial que este chico se independice de una vez por todas y haga algo útil con su vida.

3 El fin de curso

Answer these questions about this year's Spanish course.

a ¿Crees que has progresado mucho este curso?
b ¿Qué parte del del curso te ha resultado más interesante?
c ¿Y qué parte ha sido la más difícil?
d ¿Qué puedes decirme sobre tu grupo de compañeros?
e ¿En qué aspecto del curso preferirías haber pasado más/menos tiempo?
f ¿Piensas continuar el año próximo?

10 Punto y final (revisión)

1 La biografía de Olivia

Listen to the recording and answer these questions.

a Where did Olivia live when she was young?
b Did she live there alone?
c Did she study or work?
d What did she do specifically?
e What did she use to do at the weekends?
f Did she have any pets at home?
g What were their names?
h Who was her best friend?

2 La palabra extraña

Find the odd word out.

a cabeza brazo estómago ojos lumbago
b calentar freír tortilla añadir pelar
c podría tendría necesitaría solía María
d vivía trabajaba estudiaba tenía terminó
e currículum deportes trabajo experiencia contrato
f bailar nadar estudiar salir jugar
g ¡Gracias! ¡Genial! ¡Qué sorpresa! ¡Fantástico! ¡Qué bien!

3 El cajero automático

Fill in the blanks with an appropriate verb in the imperative.

Buenas tardes. Por favor, **a** _______ su tarjeta. Ahora, **b** _______ un idioma. **c** _______ su número secreto y **d** _______ la tecla verde. Si se equivoca, **e** _______ la tecla amarilla. **f** _______ la operación bancaria que desea realizar. Por favor, **g** _______ unos segundos. **h** _______ su dinero y no **i** _______ su recibo. ¡Que **j** _______ un buen día!

coja	elija	espere	introduzca	marque	olvide	pase	pulse	seleccione

4 Raúl y Ainhoa

Listen to these two people and summarise in English the information they give about themselves.

5 Una carta de presentación

Read this letter and reply to it giving some advice and/or making some suggestions.

> Estimado Sr. Micol:
>
> He visto su anuncio y creo que mi hermano es el candidato perfecto para el puesto de bombero.
>
> Mi hermano José tiene 31 años y vive todavía con mis padres en Almería. A él le gustaría mucho conseguir este trabajo porque podría independizarse y vivir en su propia casa.
>
> Ha estudiado Informática durante los últimos siete años y esperamos que acabe este año.
>
> Yo describiría a mi hermano como una persona extrovertida, inteligente, dinámica e innovadora.
>
> Deseando recibir noticias suyas, se despide atentamente,
>
> La familia Plaz

6 Una historia de amor

a Try to answer all these questions.

i ¿En qué ciudad del mundo te gustaría vivir?
ii ¿Qué preferirías: un día soleado, lluvioso o nublado?
iii Escribe un adjetivo femenino que termine en "a".
iv ¿Cuál sería el nombre de tu pareja ideal?
v ¿Cómo se llama tu mejor amigo/a?
vi Si tu pareja ideal es hombre, escribe "él" y si es mujer, "ella".
vii Escribe un adjetivo masculino.
viii Si eres mujer, escribe un adjetivo femenino y si eres hombre, uno masculino.
ix ¿Donde te gustaría ir el próximo fin de semana?
x ¿Qué te gustaría hacer el próximo fin de semana?
xi ¿Qué preferirías: un zapato, una piedra o un gato furioso?

b Now fill in the blanks in the last appendix on page 193 with your answers and read a love story.

7 El final de la historia

Read the love story again and write a suitable ending for it.

LISTA DE TÉRMINOS GRAMATICALES

Language learners often feel unsure about grammatical terms. The following list gives some simple definitions.

- **Reference is made to Spanish only when something distinctive about that language needs to be noted.**
- **Grammatical terms explained in the list appear in bold type.**
- **This guide is concerned only with the meanings of grammatical terms. A separate Spanish grammar summary begins on page 147: all items below are covered there.**

Adjective A word used to describe a **noun** ('an interesting woman'; 'the curry is hot'). See also **demonstrative adjective**, **possessive adjective**.

Adverb A word which describes (a) the action of a **verb** ('she sings beautifully', 'he cooks well') or, (b) modifies (= gives further information about) an **adjective** ('it's a really expensive car') or (c) modifies another adverb ('she sings really well').

Agree In English, **adjectives** do not change their form, but in Spanish they have to agree with the noun they are describing in **gender** and **number**: if the noun is feminine, the adjective must be in the feminine form; if the noun is plural, so is the adjective.

Article The (called the definite article); a or an (called the indefinite article).

Auxiliary verb A supporting **verb** combining with another verb to form a **compound tense**. ('She has gone' = the auxiliary verb 'to have' used here to form the perfect tense by combining with the **past participle** of the verb 'to go'.)

Clause Subdivision of a sentence, which consists of one or more clauses, each containing a **verb**.

Main clause: In a sentence with at least two clauses, it contains the *main verb*.

Subordinate clause begins with a **subordinating conjunction** and gives further information, but cannot stand alone and make sense. A main clause does make sense on its own:

'Peter was reading in the kitchen while the kettle boiled.'
(Main: 'Peter was reading in the kitchen'; Subordinate: 'while the kettle boiled')

Relative clause is a subordinate clause beginning with a **relative pronoun**:

'The hills which you can see on the horizon are in China.'
(Subordinate: 'which you can see on the horizon')

Comparative Form of an **adjective** or **adverb** expressing a greater or lesser degree. Adjectives: 'that room is bigger than this one'; 'they've bought a more expensive car'; adverbs: 'it happens more often than you think'. See also **superlative**.

Compound tense A **tense** which is made up (compounded) of two parts: an **auxiliary verb** and a **past participle**.

Conditional A form of the **verb** used to say what would happen if a certain condition were met. In English, it is formed by combining the **auxiliary verb** 'would' with the **infinitive** of another verb ('if he had the money, he would go to America').

Conjunction A word which joins parts of a sentence ('he was tired <u>and</u> he wanted to go home'; 'they arrived early <u>because</u> they wanted a good place').

Coordinating conjunction (e.g. 'and' as in the example above) is a conjunction which joins two **clauses** of equal importance.

Subordinating conjunction (e.g. 'why', 'because', 'that', 'when' and 'while') links a **subordinate clause** to a **main clause**.

'Peter stayed at home <u>because</u> the weather was so bad.'

Continuous form Some languages (including Spanish and English) have additional, continuous forms alongside each tense. They describe an action as it is going on:

'I can't talk now, <u>I'm getting on the train</u>.' (the present continuous).

Demonstrative adjective These 'point out' **nouns** (<u>this</u> chair/<u>these</u> chairs; <u>that</u> house/<u>those</u> houses).

Direct object The word which directly undergoes the action of the verb. In the sentence 'she sent her mother a present', what she sent was a present, so that is the direct object. She did not send her mother! See also **Indirect object**.

Gender In Spanish, all **nouns** have a grammatical **gender**, masculine or feminine, and **adjectives** have to **agree** with it.

Gerund **Verb** form used in **continuous tenses** ('I was <u>running</u> too fast') and turning verbs into **nouns** ('<u>Travelling</u> is a pleasure').

Imperative Verb form used in giving commands and instructions ('<u>Turn</u> left now!').

Imperfect Past **tense** describing an on-going situation rather than an event.

Indicative Normal **tense** system as opposed to the alternative tense system called the **subjunctive**.

Indirect object A secondary **object**. In the sentence 'she sent her mother a present', the direct object, the thing which is sent, is the present. It was sent to her mother, the indirect object.

Infinitive The basic form of a **verb** ('<u>to sing</u>'; '<u>to write</u>').

Intransitive verb Verb that doesn't take a direct object e.g. 'to arrive' – ('She arrived at 1.30.)

Irregular verb Verb that does not follow a standard pattern.

Modal verb One of a group of verbs which combines with another verb to express possibility, obligation or permission. For example, <u>can</u>, <u>could</u>, <u>should</u>, <u>must</u>, <u>may</u>.

Noun Word denoting a person ('<u>student</u>'), a thing ('<u>book</u>') or an abstract idea ('<u>happiness</u>').

Number Whether a word is **singular** or **plural**.

Object The **noun** or **pronoun** which undergoes the action of the **verb**: 'We bought a <u>house</u>'; 'I saw <u>him</u>'.

Object pronoun **Pronoun** representing the **object** of the **verb**: <u>me</u>, <u>you</u>, <u>him</u>, <u>her</u>, <u>it</u>, <u>us</u>, <u>them</u>.

Passive Verb form in which the **subject** undergoes the action of the **verb**. There are various **tenses** (e.g. 'she <u>is seen</u>'; 'she <u>has been seen</u>'; 'she <u>will be seen</u>', etc). Most languages have ways of avoiding the passive.

Past participle Part of the **verb** which combines with an **auxiliary verb** to form the perfect tense ('they have <u>arrived</u>'; 'I have <u>seen</u>') or another **compound tense**.

Plural More than one: the plural of 'man' is 'men'.

Possessive adjective For example, 'my house', 'your friend', 'his car', etc.

Possessive pronoun For example, 'That car is mine. Which is yours?'

Preposition For example, 'on the table', 'under the chair', 'to the station', 'for the teacher', etc.

Preterite Simple past tense.

Pronoun Word taking the place of a **noun**. 'Peter saw the waitress' becomes 'he saw her'.

Relative pronoun ('who' (people), 'which' (things) or 'that' (either people or things)), that refers back or relates to a **noun** or pronoun in the **main clause**.

Reflexive verb In Spanish, **verb** formed with an extra **pronoun** (called a reflexive pronoun) e.g. llamarse: (present tense) **Me llamo Maria**.

Regular verb **Verb** that follows a standard pattern (see page 158).

Relative pronoun **Pronoun** used to refer back to a noun earlier in the sentence. For example, 'the man who lives there is very old'; 'the book which he chose…'; 'the woman/film that he saw…'.

Singular One rather than many: the singular of 'bananas' is 'banana'.

Subject Who or what carries out the action of the **verb**. 'A student sent me this email'; 'we are travelling next week'; 'the letter arrived yesterday'.

Subject pronoun Pronoun representing the **subject** of the **verb**: I, you, he, she, it, we, they.

Subjunctive Alongside the normal tense system (referred to as the **indicative**) there is an alternative system of tenses called the subjunctive which is used in particular to express an element of doubt, hope, fear or other emotional states and also has to be used in certain other contexts.

Superlative Form of an **adjective** or **adverb** expressing the maximum degree. Adjectives: 'the oldest inhabitant', 'the most expensive car'; adverb: 'Joan sings loudest'.

Tense Form taken by a **verb** to show when the action takes place. For example, present tense: 'they live in New York'; past tense: 'they lived in New York'; future tense: 'they will live in New York', etc.

Transitive verb **Verb** which takes a **direct object**, unlike an **intransitive verb**.

'He ate the apple.'

Verb Word indicating an action ('they ate their dinner') or a state ('the book lay on the table'). Different **tenses** are used to show when something happened.

Words in *italics* are defined in the **Lista de términos gramaticales** section on pages 144–6.

Nouns and articles

Gender	Number			
	singular		plural	
masculine	**el gato**	the cat	**los gatos**	the cats
feminine	**la casa**	the house	**las casas**	the houses
masculine	**un gato**	a cat	**unos gatos**	some cats
feminine	**una casa**	a house	**unas casas**	some houses

Most masculine nouns end in **-o** and most feminine nouns in **-a** but there are many exceptions e.g. **el idioma** 'language' and **la mano** 'hand'. Some nouns end in **-e** and can be masculine or feminine (e.g. **la gente** 'people') and you need to learn the gender for these as you learn the word.

Adjectives

	masculine	feminine
singular	**un gato pequeño**	**una casa vieja**
	a small cat	an old house
plural	**unos gatos pequeños**	**unas casas viejas**
	some small cats	some old houses

Adjectives ending in **-e** e.g. **grande** are the same in both masculine and feminine singular forms and simply add an **-s** in the plural – **una casa grande**, **unas casas grandes**.

Adjectives ending in a consonant are unchanged for both masculine and feminine forms but add **-es** in the plural – **unos gatos grises**.

Possessive adjectives

- **mi/tu/su**

singular		plural	
mi gato	my cat	**mis gatos**	my cats
tu gato	your cat	**tus gatos**	your cats
su gato	his/her/their/your (formal) cat	**sus gatos**	his/her/their/your (formal) cats

- **nuestro/vuestro**

singular		plural	
nuestro gato	our cat	**nuetros gatos**	our cats
nuestra maleta	our suitcase	**nuestras maletas**	our suitcases

- **Demonstrative adjectives**

	masculine		feminine	
singular	**este gato**	this cat	**esta maleta**	this suitcase
plural	**estos gatos**	these cats	**estas maletas**	these suitcases

Pronouns

subject pronouns	direct object pronouns	indirect object pronouns
yo	**me**	**me**
tú	**te**	**te**
usted	**lo, la**	**le**
él, ella	**lo, la**	**le**
nosotros	**nos**	**nos**
vosotros	**os**	**os**
ustedes	**los, las**	**les**
ellos, ellas	**los, las**	**les**

Direct object pronouns precede the verb, except in the affirmative *imperative*, the *gerund* and the *infinitive*.

Fernando bebe café. Fernando drinks coffee. (verb + noun object)
Fernando lo bebe. He drinks it. (+ pronoun direct object)
¡Tráelo, Fernando! Bring it, Fernando! (imperative + pronoun direct object)
Fernando está trayéndolo. Fernando is bringing it. (gerund + pronoun direct object)
Fernando va a traerlo. Fernando is going to bring it. (infinitive + pronoun direct object)

The *indirect object pronouns* (i.e. those indicating to whom or for whom something is done) are the same as for the direct object, except in the second and third persons.

Yo les mandé (a ellos, a ellas, a ustedes) regalos de Navidad.
I sent Christmas presents to them (or to you (plural)).

Note that the direct object pronoun always replaces the object, whereas the indirect object pronoun can be doubled to avoid ambiguity.

Les conté el cuento a los niños. I told the children a story.

A los niños is included because **les** could refer to any third person plural object e.g.: the students?, the policemen?!

When two object pronouns are together in a sentence, the indirect precedes the direct:
Me la compró. He bought it for me.

If the two pronouns are **le** and **lo/la**, **le** is replaced by **se** e.g.:
Se la compró. He bought it for her.

Indefinite pronouns and adjectives

These pronouns and adjectives indicate very general, unspecific concepts, like 'someone', 'something', also 'nobody', 'nothing'.

alguno some; **ninguno** no

Algunas personas protestaron, pero ninguna se fue. Some people protested but no one left.
Quedan algunas peras, pero ninguna banana. There are some pears left, but no bananas.

alguien someone; **nadie** nobody

Creo que veo a alguien en el camino. I think I can see someone on the road.
No, no hay nadie, es una sombra. No, there is nobody, it's a shadow.

uno: an alternative to **alguno**

Unos estudiantes japoneses. Some Japanese students.
Una de mis profesoras. One of my teachers.

algo something; **nada** nothing

Era obvio que tenía algo que decirme, pero al fin de cuentas, no fue nada interesante.
It was obvious that he had something to tell me, but at the end of the day, it was nothing interesting.

Conjunctions

The use of que

Que is the most common *relative pronoun*. It can refer to both persons or things and is invariable.

Persons:	**La mujer <u>que</u> es joven.**	The woman <u>who</u> is young.
	La gente <u>que</u> conozco.	The people (<u>whom</u>) I know.
Things:	**Los ordenadores <u>que</u> son nuevos.**	The computers <u>which</u> are new.
	El libro <u>que</u> me enviaste.	The book <u>that</u> you sent me.

See also the use of **que** in *subordinate clauses* with the *subjunctive* below.

Interrogatives

A list of the interrogatives appears in the Gramática section on page 8. These words always carry an accent e.g.:

¿Qué necesita tu amiga?	What does your friend need?
¿Cuándo llegas?	When do you arrive?

Prepositions

The most common uses of *prepositions* are:

Vivo con mis hijos. I live with my children. (preposition + noun)
Estaba sentada entre ellos. She was sitting between them. (preposition + pronoun)
Hablaron sin pensar. They spoke without thinking. (preposition + infinitive verb)
Empezó a llover. It started to rain. (verb + preposition)

Below is a list of the prepositions most commonly used in this book:

a to, at; **con** with; **contra** against; **de** of, from; **desde** from, since; **en** in, on, at; **entre** between; **hacia** toward; **hasta** until; **para** for, in order to; **por** for, by; **sobre** on, about

para and **por** both correspond to 'for' in some usages, and therefore they can present difficulties for English speaking students. It may help to think of **para** as a word that denotes purpose or destination (looking forward) and **por** as a word that denotes cause or motive (looking backwards), although it has other meanings as well. Below are some examples:

Purpose:	**¿Para qué llamaste?** What did you call me for?
Destination:	**Compró un regalo para su novio.** She bought a present for her boyfriend.
	Voy para Lima. I'm going to Lima.
Cause:	**Gracias por tu carta.** Thank you for your letter.
For the sake of:	**Lo digo por tu bien.** I'm telling you for your own good.
By:	**El ministro fue entrevistado por los periodistas.** The minister was interviewed by the journalists

Common expressions with **por**:

por eso	that is why	**por lo común**	generally
por supuesto	of course	**por lo visto**	apparently
por lo general	generally		

Verbs

There are tables of regular and irregular patterns at the end of this section, as well as a short explanation below of how each tense is formed and used.

Some general points:

1. Spanish *verbs* are normally classified by the ending on their *infinitive* form as **-ar**, **-er** and **-ir** verbs; the table below shows the regular pattern for each category of verb in the various tenses.
2. When it comes to *irregular verbs*, remember that they are not necessarily irregular in every tense: see the irregular verbs table further on.
3. Note that when you look a verb up in a dictionary, you will normally find not the specific form used in your text, but the infinitive.
4. When a verb is laid out in a table in a grammar reference book or course book it is normally in the order 1st, 2nd and 3rd person singular ('I', 'you', 'he/she') followed by 1st, 2nd and 3rd person plural ('we', 'you', 'they'). Remember that the 2nd person formal, (**usted**: singular and **ustedes**: plural) takes the 3rd person endings.

5. As each person of a Spanish verb has a distinctive ending, the personal pronouns (words for 'I', 'you', etc.) can be left out unless there is ambiguity or you need to emphasise somebody's identity.
6. The simple *tenses* (so called because they are just one word) add endings to the stem or to the infinitive of the verb. The *compound tenses* combine the corresponding form of the *auxiliary verb* **haber** with the *past participle*.
7. When using *object pronouns* (words for 'me', 'him', 'it', etc.) remember they are always placed before the verb, except with the *imperative*, infinitive and *gerund*, where they are added on to the end.

Examples:

Dí<u>melo</u>. (lit. 'Tell it to me.') *Imperative*
Volvió para recordár<u>melo</u>. (He came back to remind me of it.) *Infinitive*
Está probándo<u>selo</u>. (He is trying it on.) *Gerund*

Verb forms

• *Regular* verbs

Most verbs follow a regular pattern according to the ending in their infinitive form – whether this finishes in **-ar**, **-er** or **-ir**. See the Table of Regular Verbs at the end of this Summary.

• Irregular verbs

Some verbs, often amongst the most commonly used, do not follow the regular patterns. See the Table of Irregular Verbs at the end of this Summary.

• Compound tenses

Compound tenses use a form of **haber** plus a *past participle*. The past participle is formed by taking the stem of the verb and adding the following endings:

-ar → -ado (**hablar → hablado**); **-er → -ido** (**comer → comido**); **-ir → -ido** (**vivir → vivido**)

There are some verbs with irregular past participles:

abrir → abierto   **escribir → escrito**   **morir → muerto**   **ver → visto**
hacer → hecho   **decir → dicho**   **romper → roto**   **volver → vuelto**

• Overview of compound tenses

Tense	Present perfect		Pluperfect		Perfect subjunctive	
Formation	Present of **haber**	+ past participle	Imperfect of **haber**	+ past participle	Present subjunctive of **haber**	+ past participle
(yo)	he		había		haya	
(tú)	has	hablado}	habías	hablado}	hayas	hablado}
(él, ella, usted)	ha	comido}	había	comido}	haya	comido}
(nosotros/as)	hemos	vivido}	habíamos	vivido}	hayamos	vivido}
(vosotros/as)	habéis		habíais		hayáis	
(ellos, ellas, ustedes)	han		habían		hayan	

• **The imperative**

Regular verbs follow this pattern:

	-ar		-er		-ir	
	affirmative	negative	affirmative	negative	affirmative	negative
singular informal (**tú**)	**habla**	**no hables**	**come**	**no comas**	**vive**	**no vivas**
singular formal (**usted**)	**hable**	**no hable**	**coma**	**no coma**	**viva**	**no viva**
plural informal (**vosotros**)	**hablad**	**no habléis**	**comed**	**no comáis**	**vivid**	**no viváis**
plural formal (**ustedes**)	**hablen**	**no hablen**	**coman**	**no coman**	**vivan**	**no vivan**

Some verbs are irregular in the singular informal imperative, and the singular and plural formal:

infinitive	singular informal	singular formal	plural formal
hacer	haz	haga	hagan
decir	di	diga	digan
poner	pon	ponga	pongan
venir	ven	venga	vengan
tener	ten	tenga	tengan
salir	sal	salga	salgan
ser	sé	sea	sean
ir	ve	vaya	vayan
cerrar	cierra	cierre	cierren
pedir	pide	pida	pidan
dormir	duerme	duerma	duerman
volver	vuelve	vuelva	vuelvan

See also the Gramática section page 56.

Tenses and moods

• **The preterite tense**

How to form it: See Table of regular verbs column 3.
Patterns: There are two patterns, one for **-ar** verbs and one for both **-er** and **-ir** verbs.
Irregular verbs: See Table of irregular verbs.

When to use it:

a) to talk about events in the past that took place at a specific time or over a definite period:

Ayer compré el billete. Yesterday I bought the ticket.
En ese momento llegó María. Just at that moment Maria arrived.

b) to talk about a sequence of events in the past:

Entró y se sentó en el sillón.	He came in and sat in the armchair.
Luego que terminé la paella...	After he finished (or after finishing) the paella...

c) to refer to the beginning of an action in the past:

Se conocieron en...	They met in...
Me cayó mal desde el primer momento.	I disliked him from the first moment.

• The imperfect tense

How to form it: See Table of regular verbs column 2.

Irregular verbs: Only three verbs are irregular in this tense: **ir**, **ver** and **ser**. See Table of irregular verbs.

When to use it:

a) in talking or writing about an event regarded as closed e.g.:
Vivíamos en el campo porque teníamos una estancia.
We used to live in the country because we had a ranch.
De niño, pasaba mucho tiempo con mis primos.
When I was young, I used to spend a lot of time with my cousins.

b) to refer to habitual or continuous action in the past, without reference to when, or for how long it took place e.g.:
Estaba convencido de que tenía una enfermedad mortal.
He was sure that he had a fatal illness.

c) for describing something when writing or talking about the past e.g.:
La casa era antigua, tenía muchas habitaciones y además había un jardín grande desde donde se veía el mar.
The house was old, it had lots of rooms and there was also a garden from which you could see the sea.

Note: there are other uses of the Imperfect which do not appear in the book, and consequently are not covered in this summary.

soler

This verb is used to talk about what used to happen with a certain regularity. The imperfect of **soler** and an infinitive are used e.g.:
Ana solía ir a la peluquería cada quince días.
Ana used to go to the hairdressers every fortnight.

• Imperfect or preterite?

These two tenses have different perspectives on the past:

1) **Estábamos en Río de Janeiro durante el carnaval.** (= We were already there, and the carnival took place. The length of stay is unspecified.) *Imperfect.*
2) **Estuvimos en Río de Janeiro durante el carnaval.** (= We were there during the carnival but are no longer). *Preterite.*

Another example:

1) **Velázquez pintaba en la corte del Rey.** (= He did this habitually. No time given.) *Imperfect.*
2) **Velázquez pintó Las Meninas.** (=Statement of fact about the past. He painted it.) *Preterite.*

When writing or reading a text that includes both tenses think of the Imperfect as a photograph or an illustration, while a verb in the Preterite helps to situate or describe something against that background.

- **The pluperfect**

How to form it: See page 151. This compound tense follows the model of the Perfect, but the auxiliary **haber** is in the imperfect rather than the present.
Pattern: There is a single pattern.

When to use it:
It refers to an earlier timeframe when already operating in a past tense e.g.:
La película había empezado cuando llegamos. The film had begun when we arrived.

- **The imperative**

How to form it: See page 151. Make sure you are using the right form: formal/informal, singular/plural, positive/negative.

Irregular verbs: There are a number of irregular forms. See Table of irregular verbs on pages 159–61.

When to use it:
To give instructions, for example when telling someone how to get somewhere. You will also find it in a recipe or in a product leaflet.

- **The future**

How to form it: See Table of regular verbs column 4.
Pattern: There is a single pattern. Endings are added to the infinitive, not the stem.
Irregular forms: Some verbs are slightly irregular e.g.: **tendré**, **pondré**. See Table of irregular verbs column 4.

When to use it:
With reference to future actions e.g.:
Iré a Australia el año próximo. I will go to Australia next year.

- **The conditional**

How to form it: See Table of regular verbs column 5.
Pattern: There is a single pattern. Endings are added to the infinitive not the stem.
Irregular forms: The verbs which change slightly in the future tense also change in the conditional e.g.: **tendría**, **pondría**. See Table of irregular verbs.

When to use it:
a) It is used to say what would happen if a certain condition were met, often with an 'if' (**si**) clause:
Si tuviera suficiente dinero, lo compraría. If I had enough money, I would buy it.

Not every sentence beginning with **si** has a conditional verb in it. A subordinate clause beginning with **si** followed by a main clause in the future, the imperative or the present, expresses a consequence, habit or firm intention.

Si lo veo, iremos al café. If I see him, we'll go to the café. (future)
Si te sientes mal, llama al doctor. If you feel ill see the doctor. (imperative)
Si no tengo hambre, no como. If I'm not hungry I don't eat. (present)

It *is* when the condition is unreal or counterfactual that a conditional verb form has to be used:

Si <u>tuviera</u> hambre, <u>comería</u>. imperfect subjunctive — conditional	If I were hungry, I would eat. (but I'm not, so leave me in peace! = Counterfactual!)

Imagine it is the same person talking here as in the previous example, now getting irritated as they are urged to eat up.

The *perfect conditional* expresses the same idea but with reference to the past – use the conditional of **haber** plus past participle.

<u>Habría visitado</u> el estadio Amsterdam Arena y el museo Van Gogh, pero...
<u>I would have visited</u> the Amsterdam Arena stadium and Van Gogh museum, but... (I was unable to go to Holland).

b) Other uses of the conditional:
The way we express something is often part of the message. The conditional reduces the directness of an order or request and allows you to make or turn down an invitation without giving offence and make suggestions without seeming to give instructions.

Requests:
The everyday use of the conditional **quisiera** 'I would like' from the verb **querer** illustrates this well. It does not really add any information compared to the present tense quiero 'I want' but is less direct and so that bit more polite.

<u>Quisiera</u> reservar una mesa por favor. I would like to book a table please.

Compare these examples:

¡Cierra la puerta!	Close the door! (imperative)
¿<u>Puedes</u> cerrar la puerta?	Can you close the door? (present)
¿<u>Podría</u> cerrar la puerta?	Could you close the door? (conditional)

It is the same basic message, but the tone is so different. In ascending order, the instruction becomes increasingly wrapped in cotton wool.

Invitation:
Using **gustar** and **encantar**:

¿<u>Te gustaría</u> salir esta tarde?	**<u>Me encantaría</u>, pero...**
Would you like to go out this evening?	I'd love to, but...

Suggestion:
Instead of telling someone to do something directly, you say what <u>you</u> would do.

<u>Visitaría</u> el museo, <u>iría</u> a la catedral y <u>comería</u> en un restaurante en la ciudad.
I'd visit the museum, go to the cathedral and eat in a restaurant in the city.

- **Continuous forms of verbs**

Spanish has additional, continuous forms alongside each tense. They describe an action as it is, or was, going on at a particular moment in time. Use the appropriate tense of **estar** followed by a gerund e.g.:

Estoy cantando. I am singing. *Present continuous.*
In contrast the simple present refers to habitual actions e.g.:
Canto en el coro. I sing in the choir.

- **The subjunctive**

How to form it:	See Table of regular verbs columns 6 & 7. To form the *imperfect subjunctive* add **-ara** or **-ase**, etc. to the stem of the verb, and keep any irregularities from the *preterite* (e.g.: **habló**, **hablara**, BUT **hiciste**, **hiciera**). The two forms are interchangeable, although the **-ara** form is more common in Latin America. Like the *present indicative*, the *perfect subjunctive* is a compound tense. Use the *present subjunctive* of **haber** plus the past participle – see page 151.
Pattern:	The pattern for **-er** and **-ir** verbs is identical.
Irregular forms:	If a verb is irregular in the 1st person of the *present indicative* (stem-changing: **teng-o**), that irregularity is kept all through the conjugation of the *present subjunctive*. See the Table of irregular verbs.

When to use a subjunctive:
The subjunctive always depends upon another verb and implies wishes, uncertainty, and emotion. It also has to be used with certain impersonal constructions and after certain *conjunctions* (see below). This dependence means that a sentence with a subjunctive will have a *main verb* and a *subordinate* (i.e. dependent) *clause*.

The subordinate clause is normally introduced by **que** e.g.:

Quiero que me digas la verdad. I want you to tell me the truth.

Here, the main verb **quiero** and the subjunctive **digas** have different subjects (**yo** and **tú**). If there is no change of subject, there is no subjunctive:

Quiero decir la verdad. I want to tell the truth.

Other examples:

Wishes: **Espero que lleguen pronto.** I hope they arrive soon.

Emotion: **Me alegro de que mi amigo viva cerca de mi casa.** I am glad my friend lives near my house.

Uncertainty: **No creo que existan.** I don't think they exist.; **Dudo que...** I doubt that (whether)...

Other expressions:

Me molesta que...	It bothers me that...
Siento mucho que...	I am really sorry that...
Es una pena que...	It is a pity that...

Impersonal constructions:

Es mejor que...	It is better that...
Es necesario que...	It is necessary that...
Es importante que...	It is important that...
Es esencial que...	It is vital that...
Es posible que...	It is possible that...
Es dudoso que...	It is doubtful (whether)...

For example:

Es posible que hayan salido. It is possible that they have gone out.

Other uses:
The subjunctive is also used in clauses beginning with certain *conjunctions* expressing a future condition, purpose or result; also a concession or an assumption. After these conjunctions we

indicate a situation that has not yet become a fact. The conjunctions more commonly used in this way are:

cuando	when
antes que	before
hasta que	until
tan pronto como	as soon as
para que	for, with the purpose of
a fin de que	for, with the purpose of
de manera que	so
sin que	without
aunque	although
a menos que	unless
con tal de que	provided that

For example:

No voy a menos que tú vayas también. I won't go unless you go as well. (expressing a condition)

The perfect subjunctive is used to indicate an action which took place at an indefinite point in the past, e.g.:

Siento mucho que haya salido. I am sorry that he has gone.

The imperfect subjunctive is used when the main verb is in a past tense, or when the subjunctive itself refers to an action in the past, e.g.:

Querían que olvidara a Ana. They wanted me to forget Ana.

The imperfect subjunctive is used also in conditional sentences when the possibility of the main verb becoming a fact is remote or contrary to the actual situation (unreal conditions). That main verb is in the conditional. For example:

Si tú la conocieras bien, verías que no es tan simpática. If you knew her well, you would see that she is not nice. (the reality is that you don't know her well).

The use of **ojalá**: This word, originally from Arabic, is the equivalent of 'Let's hope', 'If it pleases God', 'If only…' and therefore is always followed by a subjunctive. For example:

¡Ojalá nos alcance el dinero hasta el final de las vacaciones! Let's hope our money lasts until the end of the holidays.

Table of regular verbs

	Indicative					Subjunctive	
	1	2	3	4	5	6	7
	Present	Imperfect	Preterite	Future	Conditional subjunctive	Present subjunctive	Imperfect
-ar	habl-o	habl-aba	habl-é	hablar-é	hablar-ía	habl-e	habl-ara/ase
	habl-as	habl-abas	habl-aste	hablar-ás	hablar-ías	habl-es	habl-aras/ases
	habl-a	habl-aba	habl-ó	hablar-á	hablar-ía	habl-e	habl-ara/ase
	habl-amos	habl-ábamos	habl-amos	hablar-emos	hablar-íamos	habl-emos	habl-áramos/ásemos
	habl-áis	habl-abais	habl-asteis	hablar-éis	hablar-íais	habl-éis	habl-arais/aseis
	habl-an	habl-aban	habl-aron	hablar-án	hablar-ían	habl-en	habl-aran/asen
-er	com-o	com-ía	com-í	comer-é	comer-ía	com-a	com-iera/iese
	com-es	com-ías	com-iste	comer-ás	comer-ías	com-as	com-ieras/ieses
	com-e	com-ía	com-ió	comer-á	comer-ía	com-a	com-iera/iese
	com-emos	com-íamos	com-imos	comer-emos	comer-íamos	com-amos	com-iéramos/iésemos
	com-éis	com-íais	com-isteis	comer-éis	comer-íais	com-áis	com-ierais/ieseis
	com-en	com-ían	com-ieron	comer-án	comer-ían	com-an	com-ieran/iesen
-ir	viv-o	viv-ía	viv-í	vivir-é	vivir-ía	viv-a	viv-iera/iese
	viv-es	viv-ías	viv-iste	vivir-ás	vivir-ías	viv-as	viv-ieras/ieses
	viv-e	viv-ía	viv-ió	vivir-á	vivir-ía	viv-a	viv-iera/iese
	viv-imos	viv-íamos	viv-imos	vivir-emos	vivir-íamos	viv-amos	viv-iéramos/iésemos
	viv-ís	viv-íais	viv-isteis	vivir-éis	vivir-íais	viv-áis	viv-ierais/ieseis
	viv-en	viv-ían	viv-ieron	vivir-án	vivir-ían	viv-an	viv-ieran/iesen

Table of irregular verbs

	Present	Imperfect	Preterite	Future	Present subjunctive	Imperfect subjunctive	Notes
decir	dig-o		dij-e	dir-é	dig-a	dij-era	See also imperative and present perfect above
	dic-es		dij-iste	dir-ás	dig-as	dij-eras	
	dic-e		dij-o	dir-á	dig-a	dij-era	
	dec-imos		dij-imos	dir-emos	dig-amos	dij-éramos	
	dec-ís		dij-isteis	dir-éis	dig-áis	dij-erais	
	dic-en		dij-eron	dir-án	dig-an	dij-eran	
dormir	duerm-o		dorm-í		duerm-a	durm-iera/iese	See also imperative above
	duerm-es		dorm-iste		duerm-as	durm-ieras/ieses	
	duerm-e		durm-ió		duerm-a	durm-iera/iese	
	dorm-imos		dorm-imos		durm-amos	durm-iéramos/iésemos	
	dorm-ís		dorm-isteis		durm-áis	durm-ierais/ieseis	
	duerm-an		durm-ieron		duerm-an	durm-ieran/iesen	
jugar	jueg-o				juegu-e		
	jueg-as				juegu-es		
	jueg-a				juegu-e		
	jug-amos				jugu-emos		
	jug-áis				jugu-éis		
	jueg-an				juegu-en		
hacer	hag-o		hic-e	har-é	hag-a	hic-iera/iese	See also imperative and present perfect above
	hac-es		hic-iste	har-ás	hag-as	hic-ieras/ieses	
	hac-e		hiz-o	har-á	hag-a	hic-iera/iese	
	hac-emos		hic-imos	har-emos	hag-amos	hic-iéramos/iésemos	
	hac-éis		hic-isteis	har-éis	hag-áis	hic-ierais/ieseis	
	hac-en		hic-ieron	har-án	hag-an	hic-ieran/iesen	
ir	v-oy	i-ba	fu-i		vay-a	fu-era/ese	See also imperative above
	v-as	i-bas	fu-iste		vay-as	fu-eras/eses	
	v-a	i-ba	fu-e		vay-a	fu-era/ese	
	v-amos	í-bamos	fu-imos		vay-amos	fu-éramos/ésemos	
	v-ais	i-bais	fu-isteis		vay-áis	fu-erais/eseis	
	v-an	i-ban	fu-eron		vay-an	fu-eran/esen	

Table of irregular verbs *(continued)*

	Present	Imperfect	Preterite	Future	Present subjunctive	Imperfect subjunctive	Notes
poner	pong-o		pus-e	pondr-é	pong-a	pus-iera/iese	See also imperative and present perfect above
	pon-es		pus-iste	pondr-ás	pong-as	pus-ieras/ieses	
	pon-e		pus-o	pondr-á	pong-a	pus-iera/iese	
	pon-emos		pus-imos	pondr-emos	pong-amos	pus-iéramos/iésemos	
	pon-éis		pus-isteis	pondr-éis	pong-áis	pus-ierais/ieseis	
	pon-en		pus-ieron	pondr-án	pong-an	pus-ieran/iesen	
poder	pued-o		pud-e	podr-é	pued-a	pud-iera/iese	
	pued-es		pud-iste	podr-ás	pued-as	pud-ieras/ieses	
	pued-e		pud-o	podr-á	pued-a	pud-iera/iese	
	pod-emos		pud-imos	podr-emos	pod-amos	pud-iéramos/ésemos	
	pod-éis		pud-isteis	podr-éis	pod-áis	pud-ierais/ieseis	
	pued-en		pud-ieron	podr-án	pued-an	pud-ieran/iesen	
perder	pierd-o				pierd-a		
	pierd-es				pierd-as		
	pierd-e				pierd-a		
	perd-emos				perd-amos		
	perd-éis				perd-áis		
	pierd-en				pierd-an		
querer	just as perder						
saber	s-é		sup-e	sabr-é	sep-a	sup-iera/iese	
	sab-es		sup-iste	sabr-ás	sep-as	sup-ieras/ieses	
	sab-e		sup-o	sabr-á	sep-a	sup-iera/iese	
	sab-emos		sup-imos	sabr-emos	sep-amos	sup-iéramos/iésemos	
	sab-éis		sup-isteis	sabr-éis	sep-áis	sup-ierais/ieseis	
	sab-en		sup-ieron	sabr-án	sep-an	sup-ieran/iesen	
ser	soy	era	fu-i		se-a	fu-era/ese	See also imperative above
	eres	eras	fu-iste		se-as	fu-eras/eses	
	es	era	fu-e		se-a	fu-era/ese	
	somos	éramos	fu-imos		se-amos	fu-éramos/ésemos	
	sois	erais	fu-isteis		se-áis	fu-erais/eseis	
	son	eran	fu-eron		se-an	fu-eran/esen	

Table of irregular verbs *(continued)*

	Present	Imperfect	Preterite	Future	Present subjunctive	Imperfect subjunctive	Notes
traer	traig-o		traj-e		traig-a	traj-era/ese	
	tra-es		traj-iste		traig-as	traj-eras/eses	
	tra-e		traj-o		traig-a	traj-era/ese	
	tra-emos		traj-imos		traig-amos	traj-éramos/ésemos	
	tra-éis		traj-isteis		traig-áis	traj-erais/eseis	
	tra-en		traj-eron		traig-an	traj-eran/esen	
tener	teng-o		tuv-e	tendr-é	teng-a	tuv-iera/iese	See also imperative above
	tien-es		tuv-iste	tendr-ás	teng-as	tuv-ieras/ieses	
	tien-e		tuv-o	tendr-á	teng-a	tuv-iera/iese	
	ten-emos		tuv-imos	tendr-emos	teng-amos	tuv-iéramos/iésemos	
	ten-éis		tuv-isteis	tendr-éis	teng-áis	tuv-ierais/ieseis	
	tien-en		tuv-ieron	tendr-án	teng-an	tuv-ieran/iesen	
venir	veng-o		vin-e	vendr-é	veng-a	vin-iera/iese	
	vien-es		vin-iste	vendr-ás	veng-as	vin-ieras/ieses	
	vien-e		vin-o	vendr-á	veng-a	vin-iera/iese	
	ven-imos		vin-imos	vendr-emos	veng-amos	vin-iéramos/iésemos	
	ven-ís		vin-isteis	vendr-éis	veng-áis	vin-ierais/ieses	
	vien-en		vin-ieron	vendr-án	veng-an	vin-ieran/iesen	
volver	vuelv-o				vuelv-a		See also imperative and present perfect above
	vuelv-es				vuelv-as		
	vuelv-e				vuelv-a		
	volv-emos				volv-amos		
	volv-éis				volv-áis		
	vuelv-en				vuelv-an		

VOCABULARIO

a	to
a causa de	due to
a continuación	next
a costa de	at the expense of
a la atención de	for the attention of
a lo largo de	along
a nado	swimming
a pie	on foot
a propósito	by the way
a tiempo parcial	part-time
a toda prisa	in a hurry
a través	throughout
a veces	sometimes
abajo	down
abandonar	to abandon/quit
abierto/a	open
abrazo (m)	hug
abrir	to open
abstemio/a	teetotal
abuelo (m)	grandfather
abuelos (m pl)	grandparents
abundar	to abound/to be plentiful
aburrido/a	boring
aburrirse	to get bored
accidente (m)	accident
aceptar	to accept
aconsejable	advisable
aconsejar	to advise
acortar	to shorten
acostarse	to go to bed
actitud (f)	attitude
actividad (f)	activity
activo/a	active
acto (m)	act
actual	present/current
acreditar	to demonstrate
acudir a la cita	to keep your appointment
acusación (f)	accusation
adaptable	adaptable
adaptar	to adapt
adivinar	to guess
adjunto/a	enclosed/attached
administrativo/a	administrative
admirador (m)	admirer
adquirir	to acquire
aeropuerto (m)	airport
afeitarse	to shave
afianzar	to strengthen/to stand surety for
afición (f)	fans
afirmación (f)	statement
afirmar	to affirm
afortunado/a	lucky
afueras (f pl)	outskirts
agencia (f)	agency
agencia (f) inmobiliaria	estate agent's
agencia (f) matrimonial	introduction agency
agenda (f)	diary
agente (m)	agent
agotador/a	tiring
agradable	nice
agrícola	agricultural
agricultura (f)	agriculture
agua (f)	water
ahora	now
aire (m) acondicionado	air conditioning
aislado/a	isolated
ajedrez (m)	chess
ajo (m)	garlic
alcalde (m)	mayor
alcohólico/a	alcoholic
al día	a day
al final	in/at the end
al menos	at least
al principio	in the beginning
al revés	the other way round
alegrar	to feel glad
alegre	happy
alemán/a	German
alérgico/a	allergic
algo	something
alguien	someone
alguno/a	some
alimentar	to feed
alivio (m)	relief
alojamiento (m)	accommodation
altar (m)	altar
alternativa (f)	alternative
alumno (m)	pupil/student
allí	there
ama (f) de casa	housewife
ama (f) de llaves	housekeeper
amanecer	to dawn
amar	to love
amarillo/a	yellow
ambiente (m)	environment
amenazar	to threaten
amigo (m)	friend
amor (m)	love
amoroso/a	love (adj)

anacronismo (m)	anachronism
analítico/a	analytical
ancho/a	wide
andar	to walk
anónimo/a	anonymous
ansiedad (f)	anxiety
ansioso/a	eager/anxious
anterior	last
antes	before
antiguo/a	ancient/old
antiguamente	in olden times
anual	annual
anuncio (m)	advertisement
añadir	to add
año (m) sabático	gap year
apagar	to switch off
aparcamiento (m)	parking
aparcar	to park
aparecer	to appear
apartamento (m)	apartment/flat
apoyo (m)	support
apreciado/a	appreciated
aprender	to learn
aprendiz (m)	apprentice
aprobar	to pass
apropiado/a	appropriate
apuntarse	to get registered
aquí	here
árabe	Arabic
araucaria (f)	a type of tree
árbol (m)	tree
arder	to burn
area (f)	area
arena (f)	sand
argumento (m)	plot
arqueológico/a	archaeological
arquitectura (f)	architecture
arriba	up
arroz (m)	rice
arte (m)	art
artesanía (f)	craft
artículo (m)	article
asegurarse	to insure oneself
asesino (m)	murderer/assassin
asiento (m)	seat
asignar	to assign
asignatura (f)	subject/module
así que	so
asociado/a	associated
asombrado/a	astonished/amazed
aspirante (m/f)	candidate
asterisco (m)	asterisk
asunto (m)	issue/matter
asustarse	to be scared
atajo (m)	short cut
ataque (m) al corazón	heart attack
ataque (m) de nervios	nervous breakdown
atender	to deal with
atentamente	carefully/yours sincerely
atlántico/a	Atlantic
atracción (f)	attraction
atractivo/a	attractive
atrapado/a	trapped
aula (f)	classroom
aumentar	to increase
aumento (m)	increase
aún	yet
aunque	although
autobús (m)	bus/coach
autor (m)	author
avance (m)	advance
avellana (f)	hazelnut
avenida (f)	avenue
averiguar	to find out
ayer	yesterday
ayuda (f)	help
ayudar	to help
azafrán (m)	saffron
azúcar (m)	sugar
azul	blue
asignar	to assign/allocate

bailar	to dance
bajar las escaleras	to go downstairs
bandolero/a	bandit
bañarse	to take a bath/to swim
bañera (f) de hidromasaje	hydromassage bath
baño (m)	bathroom
bar (m)	pub
barato/a	cheap
barco (m)	boat
basado en	based on
basura (f)	litter
basurero (m)	rubbish dump
batir	to whisk
beber	to drink
beneficio (m)	benefit
beso (m)	kiss
bien	well
bienestar (m)	welfare
billete (m)	ticket
biografía (f)	biography
blanco/a	white
boca (f)	mouth
bolígrafo (m)	pen
bolso (m)	handbag
bombero (m)	fireman
borracho/a	drunkard
boscoso/a	wooded
bosque (m)	forest
bota (f)	boot
bote (m)	jar
botella (f)	bottle
brazo (m)	arm
breve	brief
brindar	to toast/to offer

buen/a	good
buscar	to look for
búsqueda (f)	search
buzón (m) de voz	voicemail service
C/	St (street)
caballo (m)	horse
cabecera (f) regional	county town
cabeza (f)	head
cacique (m)	tribal chief
cada	each
cadáver (m)	corpse
café (m)	coffee
cajero (m) automático	cash dispenser
calefacción (f) central	central heating
calendario (m)	calendar
calentar	to heat (up)
calle (f)	street
calzado (m)	footwear
camarero (m)	waiter
cambiar	to change
cambio (m)	change
camello (m)	camel
caminar	to walk
camino (m)	road
camisa (f)	shirt
campeón (m)	champion
campo (m)	countryside
canal (m)	channel
canario (m)	canary
cancelar	to cancel
canción (f)	song
candidato (m)	candidate
cansado/a	tired
cantante (m/f)	singer
cantar	to sing
cantidad (f)	amount
cantina (f)	canteen
charlar	to chat
cargador (m)	charger
cariño	darling
carne (f)	meat
carrera (f)	career/university degree
carretera (f)	road
carta (f)	letter
carta (f) de presentación	covering letter
cartera (f)	wallet
cartón (m)	cardboard
casa (f)	house
casarse	to get married
caserío (m)	hamlet
casero/a	homemade
casi	almost
casilla (f)	box
caso (m)	case
castillo (m)	castle
catástrofe (f)	catastrophe
cauce (m)	riverbed
cebolla (f)	onion
celebrar	to celebrate
cena (f)	dinner
cenar	to have dinner
centro (m)	centre
cerrado/a	closed
cerveza (f)	beer
chico (m)	boy
chica (f)	girl
choque (m)	clash
científico/a	scientific
cigarrillo (m)	cigarette
cine (m)	cinema
circular (un rumor)	to spread (a rumour)
circunstancia (f)	circumstance
cita (f) a ciegas	blind date
ciudad (f)	city
ciudadano (m)	citizen
civilizado/a	civilized
clase (f)	lesson
clasificar	to classify
clave (f)	key
cliente (m)	customer
clima (m)	climate
clínica (f)	clinic
cobertura (f)	coverage
cocina (f)	kitchen stove/cooking
cocinar	to cook
cocinero (m)	cook
codo (m)	elbow
coger	to take
cohete (m) espacial	spacecraft
coincidencia (f)	coincidence
coincidir	to coincide
colección (f)	collection
colegio (m)	school
colocar	to put
columna (f)	column
comarca (f)	region
combustible (m)	fuel
comentar	to comment/discuss
comentario (m)	comment
comenzar	to begin
comer	to eat
comida (f)	lunch
como	as
como consecuencia de	as a result of
cómodo/a	comfortable
compañero (m)	mate
comparar	to compare
compartir	to share
completar	to complete
complicado/a	complicated
compra (f)	shopping
comprar	to buy
comprender	to understand
comprobar	to check
común	common

con with
condición (f) condition
conectarse to log in
conferencia (f) conference
confesar to confess
confianza (f) confidence, trust
confianza (f) en sí mismo self-confidence
confidente (m/f) police informer
confusión (f) confusion
congestión (f) congestion
con antelación in advance
con lo cual whereupon
conmigo with me
conocer to know
conocido/a known
con respecto a regarding
consejo (m) advice
conservar to conserve/to maintain
constante constant
construir to build
consultar to talk to
contacto (m) contact
contaminación (f) pollution
contar to tell
contenedor (m) container
contento/a happy
contestar to answer
continuar to continue
contratar to hire
contratiempo (m) mishap
contrato (m) contract
contribuir to contribute
convencional conventional
conversación (f) speaking/conversation
coordinador (m) coordinator
copia (f) copy
corazón (m) heart
cordillera (f) mountain range
coro (m) choir/chorus
correcto/a right/correct
corregir to correct
correo (m) electrónico email
correr to run
corrida (f) de toros bullfight
corrupto/a corrupted
cortar to cut
cortar el césped to mow the lawn
corto/a short
cosa (f) thing
costa (f) coast
costar to cost
crecer to increase
creencia (f) belief
creer to believe
criminal (m) criminal
crítico/a critical
crucero (m) cruise
crucigrama (m) crosswords
cruel cruel
cruzar to cross/trespass
cuadro (m) grid
cualidad (f) characteristic
cualificado/a qualified
cuello (m) neck
cuenta (f) bill
cuero (m) leather
cuidar to look after
culpa (f) fault
culpable guilty
cultura (f) culture
cumpleaños (m sing) birthday
cumplir x años to reach (of age)
curioso/a nosey
cursillo (m) course
curso (m) academic year

Dálmata (m) Dalmatian
daño (m) harm
dar to give
dar clases to teach/to lecture
dar la vuelta to turn around
darse cuenta to realize
datar to date
dato (m) fact
de from
de acuerdo a according to
de media on average
de modo que so
de pronto suddenly
de repente suddenly
de todas formas anyway
debajo under
debate (m) debate/discussion
deberes (m pl) homework
debido a due to
debilidad (f) weakness
decena (f) ten
decir to say
decisión (f) decision
decisivamente decisively
declaración (f) statement
dedicar to dedicate
dedicarse (a) to devote oneself (to)
dedo (m) finger
dedo (m) del pie toe
deducir to deduce
defender to defend
definir to define
dejar to leave
dejar de to stop (doing something)
delante de in front of
delantero/a front
delgado/a thin
delito (m) crime
demandar to sue

dentadura (f) postiza	denture
dentro	inside
deporte (m)	sport
deprimido/a	depressed
deprisa	quick
derecha (f)	right
derrotar	to defeat
desaparecido/a	missing
desarrollar	to develop
desarrollo (m)	development
desastre (m)	disaster
desayunar	to have breakfast
desayuno (m)	breakfast
descansar	to rest
desconectar	to disconnect
desconocido/a	unknown
describir	to describe
descubrir	to find out
descuido (m)	negligence
desde que	since
deseo (m)	desire/wish
desfile (m) de moda	fashion show
desierto (m)	desert
desmayarse	to faint
despacho (m)	office
desordenado/a	untidy
despacio	slowly
despertador (m)	alarm clock
despertar (a alguien)	to wake someone up
despilfarro (m)	waste/extravagance
destino (m)	destination
destruir	to destroy
desventaja (f)	disadvantage
detalle (m)	detail
detrás	behind
día (m)	day
diálogo (m)	dialogue
diario (m)	diary
dibujar	to draw
diccionario (m)	dictionary
dictadura (f)	dictatorship
didáctico/a	educational
dieta (f)	diet
diferencia (f)	difference
difícil	difficult
dinero (m)	money
dirección (f)	address/direction
directo/a	direct
disco (m)	record
discordia (f)	disagreement/discord
discoteca (f)	discotheque
diseñador (m)	designer
director (m)	headteacher/editor
dirigir	to preside over
discutir	to have an argument
disfrutar	to enjoy
disponible	available
distraer	to amuse
divertido/a	fun
dividir	to divide
divino/a	lovely
doble	double
docena (f)	dozen
doler	to hurt
dolor (m)	pain
dormir	to sleep
ducha (f)	shower
ducharse	to have a shower
duda (f)	doubt
dueño (m)	owner
dulces (m pl)	sweets
durante	during
durar	to last
e	and (before i, y)
echar	to put in
ecológico/a	organic
económico/a	financial
edad (f)	age
edificio (m)	building
educación (f)	education
eficiente	efficient
elaborar	to do/to make
eléctrico/a	electric
eliminar	to get rid of
embarazada (f)	pregnant
emborracharse	to get drunk
emergencia (f)	emergency
emigrante (m/f)	emigrant
emigrar	to emigrate
emocional	emotional
emocionante	exciting
emparejar	to match up
empezar	to start
empleado (m)	employee
empresa (f)	company
empresario (m)	businessman
enamorado/a	in love
encantar	to love
encanto (m)	beauty
encender	to switch on
encima	to top it off
en contra de	against
en directo	live
en línea	on line
en medio de	in the middle of
en nombre de	on behalf of
en realidad	actually
encontrar	to find
encuesta (f)	survey
enemigo (m)	enemy
energía (f)	energy
enfadar	to upset
enfermedad (f)	illness
enfermero (m)	nurse
enfermo/a	ill

enhorabuena	congratulations
enganchado/a a	hooked on
enorme	huge
ensayo (m)	essay
enseñanza (f)	teaching
enseñar	to teach
entender	to understand
entrar	to go in
entre	between/among
entrenamiento (m)	training
entrevista (f)	interview
entrevistar	to interview
entusiasmo (m)	enthusiasm
enviar	to send
época (f) medieval	Middle Ages
equipar	to equip/to fit out
equipo (m)	team
equivocado/a	wrong
error (m)	mistake
ermita (f)	hermitage
escalera (f)	ladder/stairs
escribir	to write
escuchar	to listen (to)
esencial	essential
espacial	space
español/a	Spanish
especie (f)	species
espectáculo (m)	show
espejo (m)	mirror
esperar	to wait/to hope
espiar	to spy
esposo (m)	husband
esquina (f)	corner
estado (m) civil	marital status
estar	to be
esteticista (m/f)	beautician
estilo (m)	style
estimado/a	dear
estómago (m)	stomach
estrella (f)	star
estrellarse	to crash
estresado/a	stressed out
estricto/a	strict
estruendoso/a	thunderous
estudiante (m/f)	student
estudiar	to study
estudios (m pl)	studies
estupidez (f)	stupidity
etapa (f)	period
examen (m)	exam
examinar	to examine
exigir	to demand
éxito (m)	success
exótico/a	exotic
experiencia (f) laboral	work experience
expediente (m) académico	marks
experto (m)	expert
explicar	to explain
expresar	to express
estación (f)	station
extender	to spread
extracto (m)	extract
extranjero (m)	abroad
extranjero/a	foreigner
extrañar	to be surprised
extraño/a	strange
extrovertido/a	extroverted
fábrica (f)	factory
facultad (f)	faculty
falta de	lack of
familia (f)	family
famoso/a	famous
fascinar	to dazzle
fastidiar	to annoy
fatal	fatal/very bad
felicidad (f)	happiness
feliz	happy
fenomenal	great
fértil	fertile
festival (m)	festival
fetiche (m)	icon
fiebre (f)	temperature
fiesta (f)	party
finca (f)	country house
fin (m) de	end of
final (m)	end
finalizar	to end
financiero/a	financial
fino/a	thin
flauta (f)	flute
floreado/a	flowery
fobia (f)	phobia
folleto (m)	leaflet
forense	forensic
forma (f)	way/manner
formal	formal
fortuna (f)	fortune
foto (f)	photo
francés/a	French
freír	to fry
frente (f)	forehead
fritos (m, pl)	fried food
fuego (m)	fire
fuente (f)	bowl
fuera	outside
fugarse	to get away
fumar	to smoke
función (f)	duty
funcionar	to work
fútbol (m)	football
futuro/a	future
ganadero/a	cattle raising
ganado (m)	cattle

ganar	to win
garaje (m)	garage
garganta (f)	throat
gas (m)	gas
gasolina (f)	petrol/gasoline
gastar	to spend
gatito (m)	kitten
generación (f)	generation
generoso/a	generous
gente (f)	people
gigante	gigantic
girar	to turn
gluten (m)	gluten
gobernar	to govern
golpear	to hit
gordo/a	fat
gótico/a	Gothic
grabación (f)	recording
graduación (f)	graduation
graduarse	to graduate
gramo (m)	gram
grande	big
grasa (f)	fat
gratis	free
gripe (f)	flu
grito (m)	scream
grupo (m)	group
guapo/a	handsome/good-looking
guardaparque (m)	park ranger
guerra (f)	war
guía (m/f)	guide
guión (m)	script
guloso/a	greedy
gustar	to like
gustos (m pl)	likes
haber	to have
había	there was/were
habitación (f)	room
habitante (m)	inhabitant/resident
hábito (m)	habit
hablante (m/f)	speaker
hablar	to speak
hace	ago
hacer	to do/make
hacer punto	to knit
hambre (m)	hunger, famine
hasta el	to the
hasta el momento	so far
hasta pronto	see you soon
hay	there is/are
hermano (m)	brother
hierro (m)	iron
hígado (m)	liver
higiene (f)	hygiene
hijo (m) único	only child
hilo (m) musical	piped music
historia (f)	story/history
histórico/a	historical
hombro (m)	shoulder
honor (m)	honour
horario (m)	timetable
horizontal	across
horno (m)	oven
horroroso/a	horrible
hoy	today
hueco (m)	gap
huelga (f)	strike
humanitario/a	humanitarian
húmedo/a	wet
hundirse	to sink
idea (f)	idea
ideal	ideal
identidad (f)	identity
idioma (m)	language
idiota	idiot
iglesia (f)	church
ignorancia (f)	ignorance
ilimitado/a	unlimited
imaginar	to imagine
imaginativo/a	imaginative
impacto (m) de bala	gunshot
imparcial	impartial/fair
imponer	to impose
importar	to mind
imprenta (f)	press
incinerador (m)	incinerator
incluir	to include
incompetente	incompetent
inconcebible	unthinkable
incorporarse	to join
indefenso/a	defenceless
independiente	independent
indicar	to indicate
indigestión (f)	indigestion
individual	single
indudablemente	certainly
inesperado/a	unexpected
industria (f)	industry
infancia (f)	childhood
infantil	infantile
influir	to influence
información (f)	information
informal	informal
informe (m)	report
ingeniero (m)	engineer
inglés/inglesa	English
ingrediente (m)	ingredient
inmediatamente	immediately
inmenso/a	huge
inmigración (f)	immigration
innecesario/a	unnecessary
innovador/a	innovative
inolvidable	unforgettable
inseguro/a	insecure

insistir	to insist
instalaciones (f, pl)	facilities
instrucción (f)	instruction
instrumento (m)	instrument
intención (f)	intention
intercambiar	to exchange
interesante	interesting
internacional	international
interrogar	to interrogate
inundación (f)	flood
inventar	to invent
invitación (f)	invitation
invitado (m)	guest
invitar a una bebida	to get someone a drink
involucrarse	to get involved
ir	to go
irresponsable	irresponsible
irritar	to irritate/to upset
italiano/a	Italian
izquierda	left
jardín (m)	garden
joven	young
jubilado/a	retired
judía (f)	bean
juego (m)	game
jugar	to play
juntar	to gather
junto al mar	on the sea
juntos	together
justamente	precisely
justificar	to justify
laboral	working
lado (m)	side
lago (m)	lake
lápiz (m)	pencil
largo/a	long
lata (f)	can/tin
latino/a	Latin
lavandería (f)	laundry
lavarse	to wash oneself
lector (m)	language assistant/reader
leer	to read
legítimo/a	legitimate
lejos	far away
lengua (f)	language
lento/a	slow
leña (f)	firewood
levantarse	to get up
leyenda (f)	legend
liberal	liberal
libre	free
libro (m)	book
limitado/a	limited
límite (m)	limit/bound
limón (m)	lemon
limpiar	to clean
limpio/a	clean
línea (f)	line
lista (f)	register/list
listo/a	ready
lo que	what
local	local
localizar	to locate
los dos	both
luchar	to fight
luego	later on
lugar (m)	place
luna (f) de miel	honeymoon
luz (f)	light
llamada (f)	call
llamar	to call
llave (f)	key
llave (f) de kárate	karate throw
llegada (f)	arrival
llegar	to arrive
llegar a	to become
llenito/a	plump
lleno/a	full
llevar	to take/to wear
llorar	to cry
madera (f)	wood
madrugada (f)	dawn
maduro/a	mature
magia (f)	magic
malo/a	bad
mandar	to send
manejo (m)	use
manera (f)	way
manifestación (f)	demonstration
mano (f)	hand
mantener	to keep
mañana (f)	morning/tomorrow
mapa (m)	map
mapuches (m pl)	Patagonian tribe
mar (m)	sea
marcar	to dial
marcharse	to leave
mareado/a	dizzy
marido (m)	husband
marqués (m)	marquis
más	more
masificación (f)	mass
masivo/a	massive
matador (m)	bullfighter
matar	to kill
mate (m)	mate (South American infusion)
matrimonio (m)	marriage
mayor	old
mayordomo (m)	butler
mecánico (m)	mechanic
media (f) pensión	half board
médico (m)	doctor

medida (f)	condition
medio (m) de transporte	means of transport
medios (m pl)	the media
meditar	to meditate
mejicano/a	Mexican
mensaje (m)	message
mente (f)	mind
mercado (m)	market
mes (m)	month
metálico/a	metallic
método (m)	method
metro (m)	metre
mezcla (f)	mix
mezclar	to mix
microemprendimiento (m)	microenterprise
miembro (m)	member
mientras tanto	meanwhile
militar	military
millonario (m)/adj	millionaire
mini-bar (m)	frigo-bar, mini-bar
minifalda (f)	miniskirt
minuto (m)	minute
mitad (f)	half of
mirar	to watch/to search
modelo (m/f)	model
molestar	to annoy
momento (m)	moment
monarquía (f)	monarchy
monasterio (m)	monastery/convent
moneda (f)	coin
monumento (m)	monument
morir	to die
mostrar	to show
mucho	much
mueble (m)	furniture
muela (f)	molar
muerte (f)	death
muerto (m)	dead
mujer (f)	woman/wife
multa (f)	fine
mundial	world
mundo (m)	world
museo (m)	museum
músico (m)	musician
muslo (m)	thigh
nacer	to be born
nacimiento (m)	birth
nacionalidad (f)	nationality
nadar	to swim
nadie	nobody
naranja (f)	orange
nariz (f)	nose
nativo/a	native
naufragar	to sink
náuseas (f pl)	sickness
navegar por la red	surfing the net
necesario/a	necessary

necesitar	to need
negarse	to refuse
negativo/a	negative
negocio (m)	business
negro/a	black
ni siquiera	not even
nivel (m)	level
noche (f)	night
nota (f)	mark
noticia (f)	news
novedad (f)	novelty
nuevo/a	new
nuez (f)	walnut
número (m)	number
números (m pl) rojos	in the red
nunca	never
o sea	so
obesidad (f)	overweight
obeso/a	obese
observador/a	observant
obsesionarse	to get obsessed
obtener	to obtain/get
ocasión (f)	time
ocupado/a	busy
ocurrir	to happen
oficina (f)	office
ofrecer	to offer
ojo (m)	eye
olvidar	to forget
ombligo (m)	navel
ONG	NGO
opción (f)	option
opinión (f)	opinion
oportunidad (f)	opportunity
optimista	optimistic
orden (f)	order
ordenador (m)	computer
oreja (f)	ear
organizar	to organize
original	original
originar	to originate/to give rise to
orilla (f)	shore
orquesta (f)	orchestra
oscuro/a	dark
otorgar	to award
otra vez	again
oyente (m)	listener
paciente m/f)	patient
pacifista	pacifist
padre (m)	father
padres (m pl)	parents
paga (f)	salary
pagar	to pay
país (m)	country
palabra (f)	word
palacio (m)	palace

pampa (f)	plains (South America)
pan (m)	bread
pantalla (f)	screen
pantalones (m pl)	trousers
papel (m)	paper
paquete (m)	packet
para bien	for the better
para mal	for the worse
paraguas (m)	umbrella
paraguayo/a	Paraguayan
parar	to stop
parecer	to seem
pared (f)	wall
pareja (f)	partner/couple
parque (m)	park
párrafo (m)	paragraph
parte (f)	part
partido (m)	match (football, rugby, etc.)
partir	to set off
pasado (m)	past
pasado/a	last
pasaporte (m)	passport
pasar	to spend/to happen
pasar debajo	to walk under
pasarlo bomba	to have a great time
pasear	to walk
patologia (f)	illness
patria (f)	mother country
paz (f)	peace
pedido (m)	order
pedir	to ask for
pedir cita	to make an appointment
peinarse	to comb one's hair
pelar	to peel
pelicula (f)	film
peligro (m)	danger
peligroso/a	dangerous
pelo (m)	hair
peluquero (m)	hairdresser
pensar	to think
pensión (f) completa	full board
pequeño/a	small
perder	to miss/to lose
perderse	to get lost
perfil (m)	profile
periódico (m)	newspaper
periodismo (m)	journalism
periodista (m/f)	journalist
permitir	to let
pero	but
perro (m)	dog
personaje (m)	character
personalidad (f)	personality
peruano/a	Peruvian
pesadilla (f)	nightmare
pesimista	pessimist
pesquero/a	fishing
pez (m)	(gold)fish
pie (m)	foot
pierna (f)	leg
pieza (f)	piece
pinchazo (m)	puncture
pintar	to paint
piscina (f)	swimming pool
piso (m)	flat/floor
pista (f) de tenis	tennis court
plan (m)	plan
plan de estudio	programme of study
plástico (m)	plastic
playa (f)	beach
plaza (f)	square
plaza (f) de toros	bullfighting ring
población (f)	population/village
poco/a	few
poder (m)	power
poder	can
podrido/a	rotten
policía (f)	police
poner	to put
poner la mesa	to set the table
por cierto	by the way
por concurso	selection
por ejemplo	for example
por lo menos	at least
por lo que a mí respecta	as far as I'm concerned
por supuesto	of course
por tanto	therefore
por tanto tiempo	for so long
por turnos	in turns
porque	because
posgrado	graduate
postal (f)	postcard
practicar	to practise
precio (m)	price
preferir	to prefer
pregunta (f)	question
preguntar	to ask
premio (m)	prize
prensa (f)	newspapers
preocupante	worrying
preocupar	to concern/to worry
preparado/a	ready/prepared
preparar	to prepare
presencia (f)	presence
presentar	to present
preservar	to preserve
primavera (f)	spring
primero/a	first
primo (m)	cousin
primordial	primal/fundamental
principal	main
prisa (f)	rush
probable	likely
probar	to try
problema (m)	problem
producción (f)	production

producir	to produce
profesión (f)	profession
profesor (m)	teacher
profundo/a	deep
programa (m)	program
prometer	to promise
promoción (f)	promotion
promotor (m)	promoter
pronto	soon
proponer	to suggest/to propose
propósito (m)	purpose/aim
propuesta (f)	proposal/offer
proteger	to protect
provincia (f)	province
provocar	to cause
próximo/a	next
proyecto (m)	project
prueba (f)	proof
psicología (f)	psychology
psicólogo (m)	psychologist
psiquiátrico	psychiatric
público (m)	audience
público/a	public
pueblo (m)	town/people
puenting (m)	bunjee jumping
puerta (f)	door
puesta (f) de sol	sunset
puesto (m)	job vacancy
pulsar	to press
¡qué bien!	good!
¡qué desastre!	what a disaster!
¡qué guay!	great!
¡qué pena!	how sad!
¡qué problema!	what a problem!
¡qué rabia!	how annoying!
¡qué raro!	how strange!
¡qué rollo!	how boring!
quedar	to arrange a meeting
quedarse	to stay
quedarse dormido	to sleep in
quemar	to burn
querer	to want
querido/a	dear
quién	who
quizás	perhaps/maybe
radiofónico/a	radio
radio (f)	radio
rápido/a	quick
raro/a	weird
reacción (f)	reaction
realidad (f)	reality
realista	realist
realizar	to carry out
recaudar	to collect
receta (f) de cocina	recipe
recibir	to receive
reciclar	to recycle
recientemente	recently
reclamación (f)	complaint
recoger	to pick up
recomendación (f)	advice
recordar	to remember/to remind
recuerdo (m)	memory
recuperar	to recover
recurso (m)	resource
redondo/a	round
reducido/a	reduced/small
referir	to refer to
reflector (m) concentrador	solar device
refugiado (m)	refugee
regalo (m)	gift/present
región (f)	region
regional	regional
reírse	to laugh
relajado/a	relaxed
relación (f)	relationship
relacionado con	related to
relaciones (m, pl) públicas	P.R.
rellenar	to fill in
remoto/a	remote/distant
reparar	to correct
repasar	to revise
requerir	to want
reservar	to book
resolver	to solve
responsable	responsible
respuesta (f)	answer
restaurante (m)	restaurant
resto de	rest of
resultado (m)	result
resumir	to summarize
retrasarse	to be late
retraso (m)	delay
reunión (f)	meeting
reunirse	to gather, to meet
revista (f)	magazine
rico/a	tasty/rich
rincón (m)	corner
río (m)	river
ritmo (m)	speed
rodaja (f)	slice
rodilla (f)	knee
rojo/a	red
romper	to break
ropa (f)	clothes
rosa (f)	rose
roto/a	broken
ruido (m)	noise
rumor (m)	rumour
ruptura (f)	break
saber	to know

sabor (m) flavour
sacar to take out
sacar una nota baja to get a low mark
sal (f) salt
sala (f) de lectura reading room
salir to go out/to leave
salón (m) living-room
salud (f) health
sangrar to bleed
sangriento/a bleeding
sartén (f) frying-pan
sección (f) section
seco/a dry
seguir to follow/to go on
seguir igual to remain the same
seguir recto to go straight on
según according to
segundo/a second
seguro/a secure
seleccionar to select
semana (f) week
semanal weekly
Semana Santa Easter
sentarse to sit down
sentir to be sorry
seña (f) sign
señal (f) tick
señor (m) mister
señorita (f) miss
separar to separate
ser to be
serio/a serious
servicio (m) despertador wake-up call
sesión (f) session
sí yes
siempre always
siglo (m) century
significativo/a significant
siguiente next
sin without
sin embargo however
sin paga unpaid
sintetizar to synthesize
situación (f) situation
situar to locate/to place
soborno (m) bribe
sobre todo above all
sobrevivir to survive
sociable sociable
sociología (f) sociology
soja (f) soya
sol (m) sun
solar solar
solicitar to apply
solicitud (f) application form
solo/a alone/by himself/herself
sólo only
solución (f) solution/answer
sonar a to sound like
soñar to dream
sorprender to surprise
sorpresa (f) surprise
sospecha (f) suspicion
sospechoso/a suspicious
subrayar to underline
subsidio (m) subsidy
suegro (m) father in law
suelo (m) floor
suerte (f) luck
sufrimiento (m) suffering
sufrir to suffer
sugerencia (f) suggestion
sugerir to suggest
superar to overcome
superviviente (m) survivor
suroeste (m) South West
suspender to fail
sustituir to substitute

tabla (f) grid
taller (m) mecánico garage
talón (m) heel
tan so
tan pronto como as soon as
tarde (f) evening
tarea (f) duty
tareas (f pl) de rescate rescue
tarta (f) cake
tasa (f) rate
taurino/a bullfighting
tecla (f) button
tecnología (f) technology
teléfono (m) telephone
telenovela (f) soap opera
televentas telesales
televisión (f) television
tema (m) topic
templado/a temperate
temporal temporary
temprano/a early
tendencia (f) tendency
tener to have
tener cuidado to be careful
tener hambre to be hungry
tener la tarde libre to be free in the evening
tener miedo to be afraid of/to be scared
tener que to have to
tener razón to be right
teoría (f) theory
terminar to end up/to finish
terremoto (m) earthquake
testigo (m/f) witness
texto (m) text
tiempo (m) weather/time/verb tense
tienda (f) shop
tío (m) uncle

tipo (m) type
titular to call (title)
titular (m) headline
título (m) degree certificate
título (m) oficial formal qualifications
toalla (f) towel
tobillo (m) ankle
tocar to play/to touch
todavía yet/still
todo/a all
tomar to take
tomar el sol to sunbathe
tolerante tolerant
tomar to take
tomar nota to jot down
tonelada (f) tonne
torero (m) bullfighter
tóxico/a toxic
trabajador/a hard-working
trabajar to work
trabajo (m) job
tradición (f) tradition
tradicional traditional
traducir to translate
traer to bring
tranquilo/a quiet
transformarse to turn into
transparente transparent
tratado (m) treaty
trazar to draw
trébol (m) clover
tren (m) train
trigo (m) wheat
trimestre (m) term
triple triple
trozo (m) piece
turismo (m) tourism
turista (m/f) tourist

u or (before o)
último/a last
usuario/a user
útil useful
uva (f) grape

vacaciones (f pl) holidays
vacío/a empty
vacunarse to get vaccinated
vale ok
valer la pena to be worth it
valor (m) courage
vapor (m) vapour/steam
varios/as various
vaso (m) glass
vecino (m) neighbour
vender to sell
venir to come
ventana (f) window
ventilación (f) ventilation
ver to see/to watch
verano (m) summer
verde green
verdura (f) vegetables
vertedero (m) landfill sites
vertical down
vestirse to get dressed
viajar to travel
viaje (m) trip
vicio (m) vice
víctima (f) victim
vida (f) life
viñedo (m) vineyard
virtual virtual
visitar to visit
vivir to live
volcánico/a volcanic
voluntario (m) volunteer
volver to go back
volver loco/a to drive someone crazy
vulnerable vulnerable

ya que since
yate (m) yacht
yo I

zapato (m) shoe
zapato con plataforma platform shoe
zona (f) zone, area
zoológico (m) zoo

Unit 1

3

Nacionalidad	española		paraguayo
Estudios	arquitectura	música	sociología
Gustos	ir al cine	nadar	nadar
Planes	va al cine	va a estudiar	va al cine

4 **a** **i** He viajado a Cancún. **ii** He tomado el sol todos los días. **iii** He bebido ron. **iv** No he comido muchísimos tacos. **v** Mi familia y yo hemos visitado las tiendas locales. **vi** He nadado en el mar. **vii** ¡Mis padres han visto un espéctaculo de mariachis!

b **i** Patricia ha viajado a Cancún. **ii** Ha tomado el sol todos los días. **iii** No ha comido muchísimos tacos. **iv** Ha bebido ron. **v** Su familia y ella han visitado las tiendas locales. **vi** Ha nadado en la piscina. **vii** ¡Sus padres han visto un espectáculo de mariachis!

5 **b** **1** No ha tenido tiempo de tomar el desayuno. **2** Ha salido de casa a toda prisa pero ha perdido el autobús. **3** Ha llegado tarde a su primera clase en la universidad. **4** Ha trabajado hasta las seis de la tarde y luego ha vuelto a casa a pie. **5** Ha visto a Rodrigo y han entrado al bar a tomar un café.

6 **a** Ella ha titulado su disco "Bebiendo los vientos". **b** Ha dedicado su último disco a sus padres. **c** Mariana ha vuelto de Méjico esta semana. **d** Ha vendido unas cuatrocientas mil copias aproximadamente. **e** No. Su padre ha escrito dos canciones. **f** Porque él siempre ha dicho que ella tiene talento para la música.

7 **a** *Suggested answers*:
1 c **2** e **3** d **4** g **5** i **6** h **7** b **8** f **9** a

8 *Suggested answers*:
a ¿Dónde vives? **b** ¿Quieres comer? **c** ¿Qué fruta te gusta? **d** ¿Qué estás haciendo? **e** ¿Quién es? **f** ¿De dónde eres? **g** ¿Qué tal? **h** ¿Cuánto cuesta? **i** ¿Por qué estudias español? *or* ¿Por qué estás estudiando español?

9 **a** Estoy **b** estoy pasando **c** tiene **d** nos bañamos **e** salimos **f** vamos **g** he comprado **h** he gastado **i** He comprado **j** Te veo / Nos vemos.

11 **b**

Lugares de interés	viñedos, castillo de la Mota, iglesias, ermitas y monasterios
Industria	mueble
Hostelería	no hay grandes hoteles
Gastronomía	vinos

12 **a** es **b** Está **c** es **d** Es **e** está **f** hay **g** hay **h** Es

¡Extra!

13

nombre	nacionalidad	edad	planes futuros	horario	actividades
Rosa	peruana	ventitrés	volver a Perú	8.30–16.00	hablar con los amigos
Fernando	chileno	ventitrés	viajar a Ecuador	8.30-16.00	hablar con los amigos

14 **a** Ronda está situada en el corazón de Andalucía. **b** Es una ciudad entre la realidad y la leyenda. **c** El turista que busca algo diferente más allá de las costas. **d** No hay playa en Ronda. **e** Ronda tiene una Plaza de Toros y un Museo Taurino. **f** Porque se mezclan el estilo árabe con el gótico y el renacentista. **g** Hay celebraciones a lo largo de todo el año. Por ejemplo, en abril, mayo, junio y septiembre. **h** La fabricación de muebles, los trabajos en hierro y la fabricación de calzado.

Ejercicios de gramática

1 **a** 5 **b** 2 **c** 1 **d** 3 **e** 4 **f** 7 **g** 6

2 **a** he estudiado **b** ha abierto **c** se ha levantado **d** hemos trabajado **e** ha escrito **f** han roto **g** se ha lavado

3 **a** Qué **b** Dónde **c** Por qué **d** Cómo **e** Cuál **f** Cuánto

4 **a** somos **b** está **c** es **d** eres **e** están **f** está **g** soy **h** Sois

Unit 2

1 **b i** El padre de Pepe se ha roto el brazo cuando la madre de Pepe le golpeó con la cabeza. **ii** La madre de Pepe se ha desmayado cuando Pepa le dijo que está embarazada. **iii** La mala noticia de Pepa es que Pepe no es el padre de su hijo.

c

Dolor	Felicidad	Sorpresa
¡Uy!	¡Qué contento estoy! ¡Qué bien! ¡Es fantástico! ¡Genial!	¡Qué sorpresa! ¡Qué me dices! ¡Dios mío! ¡Vaya toalla!

d *Suggested answers*:

Lucía: Pepa, ¿estás bien?
Pepa: Sí, estoy bien.
Antonio: ¿Seguro que estás bien?
Pepa: Sí, estoy bien. Estoy embarazada.
Lucía: ¡Qué me dices! ¡Antonio, vamos a ser abuelos!
Antonio: ¡Es fantástico!
Pepa: ¡Sí, es fantástico! Pero vuestro hijo Pepe no es el padre.
Antonio: ¡Lucía! ¡Ay! ¡Lucía!

2 **i** d **ii** e **iii** b **iv** f **v** a **vi** c

4 **a** iii ii iv i

c fui-ir; tuve-tener; recibí-recibir; pasé-pasar; ayudó-ayudar; siguió igual-seguir igual; llegué-llegar; tomé-tomar; hice-hacer; terminé-terminar; abandoné-abandonar; trabajé-trabajar; suspendí-suspender; hablé-hablar; dijo-decir; fue-ser

6 **a** 3 **b** 15 **c** 5 **d** 4 **e** 14 **f** 10 **g** 1 **h** 17 **i** 6 **j** 7 **k** 18 **l** 19 **m** 16 **n** 2 **ñ** 8 **o** 12 **p** 13 **q** 9 **r** 11

7 **Conversación 1**

– Doctor, me duele mucho la garganta y tengo tos.
– ¿Tienes fiebre?
– Sí, esta mañana he tenido fiebre.
– Tienes la gripe. Te recetaré penicilina. Dolores…
– Sí, me duele mucho el estómago.
– Dolores…
– También me duelen las piernas.
– Dolores ¿qué más?
– ¡Ah! Dolores García.

Conversación 2

– ¿Qué te pasa?
– No lo sé, doctora. Esta mañana me he levantado con un dolor de cabeza horroroso.
– ¿Te has mareado?
– Sí, un poco y también he sentido náuseas.
– ¿Te duele el estómago?
– Sí, bastante y además tengo la boca seca.
– Supongo que también estás muy cansado.
– Sí. ¿Qué me pasa, doctora?
– Nada serio. Has bebido mucho y ahora tienes una resaca.

¡Extra!

8 **a** V **b** F **c** V **d** F **e** V **f** F

9 **a i** A fishing boat sank. **ii** They were trapped and could not make it to the surface.
b i From a spaceship / from outer space. **ii** Hundreds of inhabitants of a town in Valencia.
c i It was shot seven times. **ii** She said it was all an accident and that she was innocent.

Ejercicios de gramática

1 *Suggested answers*:
a Ayer, yo fui al teatro en Madrid. **b** Esta mañana, tú has recibido varios regalos de

los niños. **c** La semana pasada, Juan hizo un viaje a Honduras. **d** En 1999, nosotros descubrimos a Mafalda en *www.todamafalda.8m.com*. **e** Recientemente, hemos hecho un viaje a Honduras. **f** Esta mañana, Juan ha hecho una paella fenomenal. **g** La semana pasada, vosotros tuvisteis varias clases muy difíciles.

2 **a** I went to the theatre in Madrid yesterday. **b** You received some presents from the children this morning. **c** Juan travelled to Honduras last week. **d** We discovered Mafalda in www.todomafalda.8m.com in 1999. **e** We have recently travelled to Honduras. **f** Juan prepared a great paella this afternoon. **g** You had some difficult lessons last week.

3 **a** es **b** tiene **c** trabaja **d** Tiene **e** está **f** gusta **g** viajar **h** leer **i** ha ido **j** nació **k** vino **l** obtuvo **m** estuvo **n** Conoció **ñ** se casó/se casaron **o** hicieron **p** llegaron **q** consiguió **r** decidió **s** han vuelto **t** Lo han pasado

4 **a** A nosotros nos gusta visitar galerías de arte. **b** A mí no me gusta ese tipo de música. **c** ¿A ella le gusta el cine español moderno? **d** ¿A vosotros no os gusta el fútbol? **e** A ti te encanta Dalí.

Unit 3

1 **b** **1** f **2** h **3** g **4** e **5** d **6** a **7** c **8** b

c **i** a **ii** b **iii** b **iv** c **v** c **vi** b **vii** c **viii** a

2 *Suggested answers*:
a en 1930 **b** en los años 70 **c** en los años 60 **d** en la primera mitad del siglo XX **e** en los años 70 **f** en los años 40 **g** en 1820

4 **b** *Suggested answers*:
i Las dos han subido de peso.
ii Una de ellas es directora de una agencia de modelos. La otra no trabaja porque cuida de su familia.

7 **1** b **2** d **3** e **4** c **5** a

¡Extra!

10

	trabajo	transporte	actividades
Eugenia	en casa	no tenía coche	llevar niños a la playa, hacer ropa
José	pescador	barca	no (muy cansado)
Carmen	no trabajaba	coche	ir a fiestas

11 **a** buscaban/buscan **b** mantienen **c** hablan **d** no tomaban/toman **e** volvían **f** tienen **g** no tenían/tienen **h** estaban **i** cruzaban/cruzan **j** no eran/no son

Ejercicios de gramática

1 **a** conocía **b** era **c** tenía **d** trabajaba **e** iba **f** controlaba **g** tenía **h** cambiaba **i** decían **j** cogían **k** deportaban **l** quería **m** había **n** era **ñ** estaba

2 **a** era **b** hacías/llegaba **c** te comunicabas **d** te sentías

3 *Suggested answers*:
Delia sigue viviendo en los Estados Unidos. Al principio, era una inmigrante ilegal pero ahora ya no lo es. Todavía trabajaba como camarera. Al principio, su situación era difícil pero ahora todo ha cambiado y ya no tiene miedo.

Unit 4

1 **a** **i** En aquella época, fumaba **ii** Una vez leí **iii** fumar perjudicaba la salud
iv Generalmente, me emborrachaba todos los fines de semana **v** En ese momento
vi dejé de beber **vii** solía comer... todas las semanas **viii** Cuando tenía cuarenta años
ix malo para el corazón **x** Entonces **xi** ¡Bien hecho! **xii** aumentaba el nivel de colesterol

2 **b** **i** Andrés tenía 23 años. **ii** Andrés vivía en un pequeño piso cerca de la universidad. **iii** Él vivía con Julia y tres estudiantes más. **iv** Él se levantaba a las nueve menos cinco. **v** Sus clases empezaban a las nueve. **vi** Sus clases terminaban a la una y media. **vii** Él comía en la cantina. **viii** Él volvía a casa a las dos de la tarde. **x** A Andrés le gustaba ir al cine todos los miércoles porque tenía la tarde libre. **xi** Unos fines de semana iba a la discoteca a bailar y otros fines de semana hacía fiestas en el piso.

3 a i F **ii** F **iii** V **iv** V **v** F **vi** V

4 a 1 c **2** g **3** e **4** a **5** b **6** f **7** d

b *Suggested answer*:
A girl registered with an introduction agency a month ago. Last Thursday, she had a blind date with a boy called David. The agency described him differently to the person she met and she was surprised. He was twenty-two years old. He studied Journalism at the Universidad de Valladolid. He told her he had stopped drinking alcohol and started drinking tea and orange juice. Although the agency said he smoked a packet of cigarettes a day, he told her that he had quit because it was bad for his health. He also said that he started going to the gym when he was twenty-one years old. She thought he liked Italian food but he said he was allergic to gluten.

4 c *Suggested answers*:
¿Cuándo tuviste la primera cita a ciegas? ¿Cómo se llamaba el chico? ¿Cuántos años tenía? ¿Cuándo era su cumpleaños? ¿Estudia o trabaja? ¿Qué estudia? ¿Qué aficiones tiene? ¿Qué tipo de comida le gusta?

5 b i Los personajes principales de la historia eran la marquesa Tipitesa, Sebastián, el mayordomo, Felisa, el ama de llaves y el extraño hombre de blanco.
ii La historia ocurrió en la mansión de la marquesa. **iii** Los amigos de la marquesa vinieron a la mansión porque estaban invitados a su fiesta de cumpleaños.
iv Aquella noche, un extraño hombre de blanco entró en la mansión, fue a la cocina, abrió el frigorífico y comió tarta de avellanas y nueces. **v** A la mañana siguiente, Felisa descubrió a la marquesa y al hombre de blanco muertos en la cocina.

d i El extraño hombre de blanco era un paciente del hospital psiquiátrico que se fugó la noche anterior. **ii** Ese hombre entró en la mansión aquella noche porque tenía hambre y buscaba comida. **iii** Él abrió el frigorífico y comió tarta de avellanas y nueces. **iv** Él no mató a la marquesa.
v Cuando encendió la luz, la marquesa encontró al hombre de blanco muerto en la cocina. **vi** La marquesa no mató al hombre de blanco. **vii** Tipitesa (la marquesa) no se suicidó. **viii** La marquesa gritó "¡Felisa, me muero!" pero sonó a "¡Feliz año nuevo!" porque no llevaba puesta su dentadura postiza. **ix** El mayordomo era inocente.

¡Extra!

6

Nombre	"Vicio"	¿Cuándo empezó a...?	¿Cuándo dejó de...?	¿Por qué?
Cristina	comerse las uñas	cuando estaba nerviosa	algún tiempo después	comprendió que comerse las unas no era muy agradable
Ricardo	meterse el dedo en la nariz	cuando era niño	algún tiempo después	
Elena	moder los bolis de sus compañeros	cuando era niña	no dejó de hacerlo	le relaja mucho morder los bolis

7 b i La "masificación" era el aumento excesivo de estudiantes en las aulas. **ii** El origen de la masificación fue el aumento inesperado de la población. **iii** La solución al problema de la masificación en las aulas fue la educación en línea. **iv** Los avances tecnológicos que se utilizaron fueron internet y el correo electrónico. **v** El aumento de la tasa de obesidad infantil y la idea de que los ordenadores iban a sustituir a los profesores en el futuro eran dos problemas que se asociaron con la educación en línea. **vi** (personal opinion)

Ejercicios de gramática

1 a vi/tenías **b** me levantaba **c** gustaba
d empecé/tenía **e** cambió/me casé
f estudiaba/estudié, quería

2 **a** Alicia dijo que el lunes se acostó a las diez. **b** Él dijo que, cuando tenía veinte años, era una persona muy organizada. **c** Ella dijo que, por las mañanas, se levantaba, se duchaba, desayunaba e iba a la universidad. **d** Mario dijo que su vida cambió cuando empezó a trabajar en el banco. **e** Alejandro dijo que en el dos mil cuatro, vivía en Tenerife con su familia. **f** Ellos dijeron que terminaron la carrera de Informática en el dos mil tres.

3 **a** "Yo no bebía alcohol cuando era más joven" –dijo ella. **b** "Yo no fumaba, María" –dijo Juan. **c** "Me encantaba practicar kárate en aquellos días" –dijo él. **d** "Los domingos por la tarde, ensayábamos con nuestro grupo" –dijeron ellos. **e** "Cuando terminé mis estudios todavía seguía fumando" –dijo ella. **f** "La chica que conocí en mi cita a ciegas se llamaba Marisol" –me dijo él.

4 **a** Ella pensaba que me llamaba Luis. **b** Yo dije que ellos empezaron a ir al gimnasio cuando terminaron sus exámenes. **c** Yo pensaba que tú eras una persona responsable, pero estaba equivocado/a. **d** Ella dijo que su carrera era muy difícil. **e** En aquella época, él fumaba veinte cigarrillos al día. **f** Cuando tenía veinte años, empecé a practicar yoga.

Unit 5

1 **a** giren **b** crucen **c** sigan **d** den **e** tomen **f** sigan **g** miren **h** caminen **i** sigan **j** giren **k** pidan **l** coman **m** paguen **n** vuelvan

3

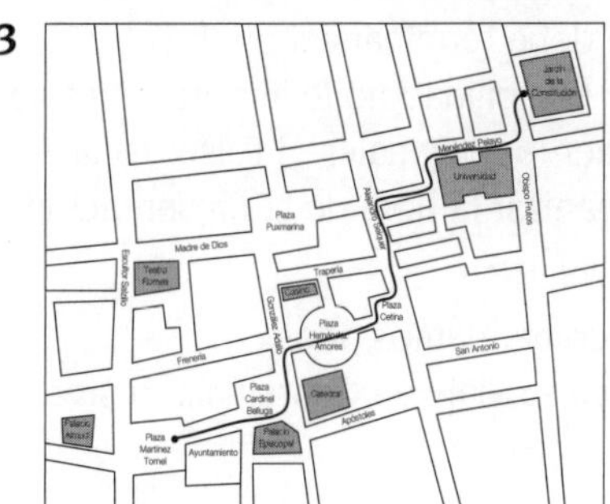

5 **a** **i** pulsa **ii** selecciona **iii** pulsa **iv** escribe **v** recuerda **vi** pulsa **vii** selecciona **viii** marca **ix** espera **x** pulsa

7 **a** 11 **b** 2 **c** 9 **d** 7 **e** 6 **f** 1 **g** 10 **h** 4 **i** 8 **j** 3 **k** 5

9

Producto	Funciones	Otras características
Robot de cocina	Pelar y cortar patatas, tomates o cebollas	Cortar en rodajas finas o trozos pequeños
Batidora automática	Batir huevos a 240 r.p.m.	Hacer batidos
Sartén eléctrica	Freír huevos, calentar comida sin aceite	Dar la vuelta a las tortillas
Microondas	Descongelar y calentar comida	Congelar comida en segundos

10 **1** d **2** c **3** f **4** b **5** e **6** a **7** g

11 *Suggested answers*:
Una agencia inmobiliaria: Si vas a compartir el piso, escribe también el nombre de tus compañeros. Si necesitas una casa con garaje, indica las dimensiones.
Una empresa de trabajo temporal: Si necesitas un trabajo, rellena la solicitud hoy mismo. Si no puedes trabajar los fines de semana, busca otro trabajo.
El despacho de tu profesor de español: Si necesitas hablar del examen, pide cita. Si es urgente, envíame un correo electrónico.

12 **a** **i** Si un gato negro se cruza en tu camino, ganarás la lotería. **ii** Si abres un paraguas dentro de tu casa, suspenderás los exámenes. **iii** Si pasas debajo de una escalera, tendrás muy buena suerte. **iv** La gente que encuentra un trébol de cuatro hojas, tendrá muy mala suerte. **v** Si os casáis en Martes 13, seréis muy felices en vuestro matrimonio.

b **i** Si un gato negro se cruza en tu camino, tendrás mala suerte. **ii** Si abres un paraguas dentro de tu casa, atraerás las desgracias. **iii** Si pasas debajo de una escalera, tendrás muy mala suerte. **iv** Si encuentras un trébol de cuatro hojas, tendrás buena suerte. **v** Si os casáis en martes 13, no seréis muy felices en vuestro matrimonio.

¡Extra!

14

Lugar	Información
Palacio Episcopal	Un palacio construido en 1748. Está cerca de la Catedral.
Catedral	La primera piedra se puso en 1388, la colocó el Obispo Pedrosa. Tardaron cuatro siglos en completarla.
Palacio Almudí	Data del año 1602. Antiguamente se almacenaba allí el maíz. Actualmente es el centro de arte y donde se guardan los archivos de la ciudad.
Teatro Romea	Construido en el siglo XIX. Abrió sus puertas en el año 1862. Sufrió dos incendios: uno en el año 1877 y otro en 1899.

Ejercicios de gramática

1 **a** marcad **b** comprad **c** Gira **d** escribe **e** cancela **f** consulta/consultad/consulte/consulten

2 **a** Pulse el botón para abrir la puerta. **b** Para hablar con la policía, marque el 091. **c** Por favor, no fume en el hospital. **d** Deje su mensaje después de la señal. **e** Respire profundamente, cuente hasta cinco y abra los ojos.

3

Infinitivo	Imperativo formal afirmativo	Imperativo informal afirmativo
pelar	pele	pela
cortar	corte	corta
freír	fría	fríe
añadir	añada	añade
comprar	compre	compra

4 **a** tendrás **b** aprobarás **c** no conduzcas **d** vacúnate **e** vivirás

Unit 6

1 **a** **1** e **2** f **3** b **4** i **5** a **6** c **7** h **8** d **9** g

c **i** Yo no tomo té. Es de Brasil. **ii** Quiero que nuestro libro progrese. Espero que podamos preparar el material para la próxima unidad. Ojalá no sea muy diferente al mate argentino.

2 *Suggested answers*:
a ¿Quieres que yo vaya al supermercado? **b** Esperamos que le guste. **c** Quieren que nosotros paguemos por todo. **d** Espero que me llame.

4 *Assumptions*: creo que tomó nota (ind); quizás esté equivocada (subj); a lo mejor su tren se ha retrasado (ind); a ver si se ha olvidado (ind); no creo que se olvide (subj); puede que no quiera estudiar más (subj); seguramente piensa que ya no vale la pena (ind); no creo que abandone el proyecto (subj); probablemente esté enferma (subj); puede que todavía esté durmiendo (subj).

5 *Suggested answers*:
a A lo mejor hay huelga de trenes. **b** Es posible que esté tomando café en el bar. **c** Puede que haya un cortocircuito en los cables. **d** Probablemente no tenga dinero. **e** Seguramente han entrado ladrones. **f** Probablemente se lo tomaron tus amigos. **g** Quizás sea un accidente. **h** Puede que no reconozca tu contraseña.

6 **a** Porque tenía exámenes. **b** Llamó a sus padres cuatro veces. **c** Descubrió que habían robado su ordenador. **d** Porque nunca vino a clase. **e** Fumando y tomando mucho café.

9 **a** Falso, se encontrarán a las 9. **b** Falso, sólo una persona quiere saber su nota. **c** Verdadero. **d** Falso, el estudiante se va mañana. **e** Falso, no lo llevará. **f** Falso, a Carmen le gusta el chico. **g** Falso, el informe debe terminarse hoy. **h** Falso, si es la única posibilidad no le importa. **i** Falso, debe traer los originales. **j** Falso, todavía falta organizar la hora de la presentación del señor Gros.

10 **a** Le recomendamos que:
i empiece su viaje en Guatemala **ii** siga

hacia el sur del país **iii** llegue hasta el lago **iv** se levante temprano **v** descanse unos días en la capital **vi** vea el volcán **vii** contrate a un guía **viii** viaje hasta Bocas del Toro **ix** aprenda un poco de español antes de partir.

¡Extra!

11

	Dónde	Cómo sería	Qué haría
Lucas	En el campo.	Pequeña, con 2 habitaciones y con jardín.	Cultivar sus verduras.
Jenna			Reformar su casa con sillones de piel y una alfombra blanca. También le gustaría decorarla con grandes obras de arte y cambiar los muebles.
Roberto	Un piso en el centro de una gran ciudad.	Antiguo, con carácter, grande y espacioso. Con pocos muebles, mucho espacio, suelo de madera y paredes blancas.	Quiere tener pocas obras de arte pero buenas.
Daniela	Una casa.	Grande y en la ciudad. Cerca de un parque. Con jardín, rodeada de árboles y piscina.	Pintar la casa, cambiar los azulejos, cambiar el piso (suelo) y decorarla.

12 **a** Mi amigo ha reservado una mesa para esta noche. Quiere que le den la mesa cerca de la ventana con vista a la bahía. Quiere que pongan velas en la mesa, pero no flores, porque su novia es alérgica. ¿Es posible que toquen música romántica al final de la cena? Mi amigo quiere que traigan champán a la mesa sólo si ven a su novia poniéndose un anillo de diamantes.

Ejercicios de gramática

1 **a** vas **b** busques **c** estén **d** sigan **e** tenga

2 **a** *Suggested answers*:
i Ojalá te cures pronto. **ii** Espero que tengáis buen tiempo. **iii** Espero que te hagan muchos regalos. **iv** Ojalá que ganes.

b *Suggested answers*:
i Quizás vaya a la manifestación. **ii** Puede que termine de pintar la casa este fin de semana. **iii** Quizás el examen sea fácil. **iv** Puede que encuentre un piso céntrico pronto. **v** Quizas gane mucho dinero y puede que cambie de coche.

c **i** Es posible que vaya a la manifestación. **ii** Es probable que termine de pintar la casa este fin de semana. **iii** Es posible que el examen sea fácil. **iv** Es muy probable que encuentre un piso céntrico. **v** Es probable que gane mucho dinero y cambie de coche.

Unit 7

1 **a** She would like to travel to Australia and look for a job over there. **b** He suggests she could work as a hairdresser or a beautician. **c** He advises her to learn two or three languages. **d** He says he could teach her how to make coffee.

2 **a** **i** Se ofrece alojamiento **ii** Se busca profesor **iii** Se necesita relaciones públicas **iv** a tiempo parcial **v** Contrato fijo **vi** contrato de tres meses

b

Puesto	Personalidad del candidato	Salario	Otras características
veterinario	extrovertido y optimista	15€ por hora	tiempo completo, alojamiento
cocinero	ordenado, constante e imaginativo	300€ mes	contrato fijo, vacaciones pagadas
voluntario	sociable, extrovertido gran sentido del humor	(voluntario)	3 horas a la semana
cartero	positiva, realista	250€ mes	tiempo parcial, 10 horas a la semana

5 *Suggested answers*:
a **i** ¿Qué cualidades debería tener una *au pair*? Una *au pair* tendría que ser muy paciente porque trabajar con niños a veces es difícil.

ii ¿Qué cualidades debería tener un camarero? Debería tener una buena memoria porque tendría que recordar los pedidos.
iii ¿Qué cualidades tendría que tener un DJ? Un buen DJ sería una persona extrovertida y sociable. Una persona pesimista nunca sería un buen DJ.
iv ¿Qué cualidades debería tener un agente de televentas? Tendría que ser directo, agresivo y muy optimista para trabajar con el público.

6 *Suggested answer*:
En mis próximas vacaciones, me gustaría ir con mi familia y mis amigos a Murcia. Me gustaría visitar la Catedral y el famoso Teatro Romea. También me gustaría comer platos típicos en buenos restaurantes. Además, me gustaría ir de compras por las mañanas e ir a las discotecas por las noches.

8 DATOS PERSONALES

Nombre: Isabel Sánchez Canut

Fecha y lugar de nacimiento: 15 de diciembre de 1976, Murcia

Dirección: C/ Remolinos, 7. 30008 Murcia

Teléfono de contacto: 968 770 000

Estado civil: Soltera

Características personales: Persona trabajadora y responsable. Paciente, imaginativa y optimista.

FORMACIÓN ACADÉMICA

-Licenciada en Filología Inglesa por la Universidad de Murcia

-Alto nivel de inglés, con First Certificate obtenido en la E.O.I. de Murcia

EXPERIENCIA LABORAL

-Recepcionista en la empresa Hotel Pacoche, atendiendo a los clientes y contestando el teléfono.

-Camarera a tiempo parcial

11 a i They would like to employ a native speaker of English. **ii** He suggested she would need to live in an English-speaking country for at least three months to improve her spoken English. **iii** She said that she could prepare some classroom material or try to teach a 60-minute lesson in English but it would be the first time.
iv Unfortunately, she did not get the job this time. However, if she improves her spoken English, they could employ her as an assistant in the future.

12 **23** centro **15** mini-bar **22** junto al mar **10** teléfono **4** piscina **5** pista de tenis **8** televisión **11** bañera **1** radio/hilo musical **19** bar **3** aire acondicionado **12** ducha **2** calefacción central **16** bañera de hidromasaje **21** discoteca **24** lavandería **6** media pensión **25** sala de lectura **18** aparcamiento **20** restaurante **17** habitación individual **7** pensión completa **13** habitación doble **9** cajero automático **14** habitación triple

13

1	2	3	4	5	6	7	8	9	10	11	12	13	14	15
✓	✓	✓	✓	✓			✓				✓			✓

16	17	18	19	20	21	22	23	24	25
✓	✓								

14 b i Jorge había hecho la reserva con 5 meses de antelación **ii** El recepcionista le había comentado que había muchas habitaciones disponibles. **iii** El había reservado dos habitaciones individuales, una de ellas con bañera de hidromasaje.
iv El recepcionista le había dicho que sus habitaciones estarían equipadas con televisión. **v** El recepcionista había comentado que el uso de la pista de tenis y de la piscina estaba incluido en el precio.
vi En el minibar había botellas de agua mineral.

c

1	2	3	4	5	6	7	8	9	10	11	12	13	14	15
			✗	✗			✗							

16	17	18	19	20	21	22	23	24	25
✗	✗								

¡Extra!

15 **a** V **b** F **c** V **d** F **e** V **f** V **g** V **h** F

16 **a** **i** La academia Strawberry había ofrecido el puesto de profesor de inglés. **ii** Isabel había encontrado el anuncio en el periódico. **iii** Isabel dijo que había trabajado en un bar y en un hotel. **iv** No. Isabel dijo que prepararía sus clases con ejercicios de gramática, juegos y práctica oral. **v** Según Isabel, la habían llamado para la entrevista porque no habían encontrado a ningún profesor nativo. **vi** Isabel le dijo a Andrea que si quería conseguir el puesto tendría que mejorar un poco su pronunciación y debería revisar la gramática.

b *Suggested answer*:
Isabel, ¡he conseguido el trabajo de profesora de inglés en la academia! En la entrevista les dije que he estado en Irlanda dos veces trabajando con niños. ¡Genial! Muchas gracias por tu ayuda. Besos.

Ejercicios de gramática

1 **a** Tendrías que beber menos. **b** Necesitarías adelgazar un poco. **c** Podríais estudiar un Master. **d** Deberías enviarle un email. **e** Tendríamos que ahorrar dinero. **f** Deberías seguir su consejo. **g** Tendrías que pedir cita con antelación. **h** Podríais hacer un curso intensivo. **i** Necesitarías buscar un trabajo a tiempo parcial.

2 **a** Ella nunca había dado clases de inglés pero había vivido en Inglaterra dos años. **b** La agencia me había ofrecido un contrato de seis meses. **c** El test le había definido como una persona analítica, responsible y directa. **d** No habíamos recibido el currículum del último candidato que entrevistamos. **e** Nadie sabe quién había hecho la reserva en el hotel Ito. **f** El recepcionista nos había dicho que el técnico había reparado la televisión.

3 **a** había visto **b** había escrito **c** había casado **d** había encontrado **e** había vuelto **f** había cambiado **g** había dejado **h** había adelgazado **i** habían ido **j** había conseguido **k** habían ofrecido **l** había olvidado **m** había causado **n** había perdonado **ñ** había conseguido **o** había dejado **p** había marcado.

4 *Suggested answers*:

i ¿Cuándo había visto Jaime a Laura P. por última vez? **ii** ¿Cuántas veces le había escrito Laura a Jaime? **iii** ¿Con quién se había casado Laura P.? **iv** ¿Adónde había vuelto Jaime? **v** ¿Qué había hecho Jaime? **vi** Profesionalmente hablando, ¿qué había conseguido Jaime? **vii** ¿Cuánto dinero le habían ofrecido a Jaime por sus memorias? **viii** ¿Se había perdonado Jaime a sí mismo? **ix** ¿Por qué no había conseguido destruir el recuerdo de su relación con Laura P.?

Unit 8

2 **a** Mónica **b** Jorge Lacobara **c** Mercedes **d** una modelo de la agencia **e** el marido **f** una amiga de Mercedes del Club de Gorditas Anóminas

4 **1** c **2** g **3** h **4** f **5** a **6** e **7** d **8** b

5 **b** *Suggested answers*:
i por la mañana **ii** estaba preparando **iii** no me necesitaba **iv** no es buena **v** llamé a otras agencias **vi** me voy **vii** Vogue

6 **a** *Suggested answers*:
i José no vino a clase la semana pasada, de modo que no aprendió el subjuntivo. **ii** Entré al restaurante y vi a mi novio con otra chica, así que salí a la calle inmediatamente y tuve una crisis de nervios. **iii** El viaje a los EE.UU le costó más de 1.000 euros, así que todavía está pagándolo. **iv** El anuncio pedía personas de tipo latino, de modo que envié mi foto.

v La suegra de Mariana viene de visita esta noche, así que Mariana está muy nerviosa. **vi** Viajábamos en tren sin billete, de modo que tuvimos problemas cuando llegamos.

b **i** Como pensaba que era una broma, no quiso acompañarme a buscar el camello. **ii** Como quiso robarme la cartera, le hice una llave de kárate. **iii** Como me ofendí mucho por lo que me dijo, nunca más lo llamé. **iv** Como tenían ganas de un cambio, se casaron y emigraron a España. **v** Como suspendió todos los exámenes, decidió dejar la carrera e irse a la India a meditar. **vi** Como nos olvidamos de comprar arroz, no pudimos cocinar una paella.

8 **a** ii **b** i **c** ii **d** iii

9 **b** **i** V **ii** F **iii** F **iv** F **v** F **vi** V **vii** F

¡Extra!

10 b

Nombre	Opiniones
Dolores	Le sorprende que a las personas inteligentes les gusten las corridas de toros.
Manuel	Le encantan las corridas de toros porque son una forma de cultura popular que resume los valores del pueblo español. Piensa también que es una actitud de vida donde el valor y el honor tienen mucha importancia para el torero.
Enrique	Piensa que las corridas de toros son aburridas. Él es indiferente.

Ejercicios de gramática

1 *Suggested answers*:
1 d **2** f **3** b **4** e **5** c **6** a

2 **a** No me importa que no me hayas comprado un regalo en Hong Kong.
b Me da mucha pena que le hayan robado el coche. **c** Me irrita que el profesor nos haya pedido los deberes el jueves.
d Es probable que te traiga helados.

3 **a** denunció **b** ocurrió **c** haya dicho **d** ha pedido **e** haya visto **f** se comunique

Unit 9

1 **b** **1** f **2** d **3** g **4** c **5** e **6** a **7** b

c **i** tan pronto como puedas **ii** para que ayuden **iii** aunque no tengan **iv** antes de que te asuste la idea

These expressions use the present subjunctive.

2 *Suggested answers*:
a ...sea sin paga. **b** ...no tenga un título oficial. **c** ...me den un trabajo. **d** ...me asuste la idea.

3 **b** Te pagaremos mañana aunque no sea fin de mes. **c** Los estudiantes salen de clase antes de que termine. **d** El profesor explica su frase para que la comprendamos. **e** Vamos a celebrar el fin de curso siempre que las notas sean buenas. **f** Puedes llamarme cuando quieras. **g** Puedes usar mi vestido con tal de que me lo devuelvas. **h** Creeré lo que me dices en cuanto me des pruebas.

4 **i** cuando **ii** para que **iii** en cuanto **iv** cuando **v** para que **vi** antes de que

Paragraph order: **c**, **b**, **a**

5 **Transporte:** gasolina, compartir coche, congestión
Reciclaje: latas, botellas, vertederos, basura, incineradores, cartón, plástico
Hambre: cereales, centros de alimentación, refugiados

6 **b** **i** F **ii** V **iii** F **iv** V **v** F **vi** V **vii** F **viii** V

10 **a** **i** una nueva carretera **ii** acceso a la costa, más turismo **iii** contaminación, ruido, tráfico peligroso **iv** recibido dinero **v** en su nueva casa de verano **vi** opiniones de los residentes locales

b **i** F **ii** V **iii** V **iv** F **v** V **vi** ¡probablemente!

¡Extra!

11

Nombre	Opiniones
El alcalde	No sabe nada al respecto. No tiene nada que comentar.
Una madre de familia	Piensa que la carretera es un peligro para los ancianos y los niños. También piensa que va a destruir el espíritu comunitario.
Una ecologista	Piensa que hay que salvar a Aguasfrescas del desarrollo intensivo.
Un comerciante local	Piensa que la carretera es una forma de atraer el turismo. También piensa que daría más trabajo a la gente joven.

Ejercicios de gramática

1 **a** asistiera **b** fuera **c** mostrara **d** supiera **e** hicieras **f** fueran **g** pudieran **h** aceptara **i** viera **j** vinieras

2 **a** nadie **b** algunos **c** nada **d** algunos **e** alguien **f** algo **g** alguien **h** algo **i** nada **j** ninguno **k** alguien

3 **1** h (para que) **2** i (a menos que) **3** c (cuando) **4** e (antes de que) **5** d (hasta que) **6** b (hasta que) **7** f (antes de que) **8** j (hasta que) **9** a (a menos que) **10** g (hasta que)

Unit 10

1

DATOS PERSONALES

Nombre: Sebastián Pérez Pérez
Lugar de nacimiento: Castellón
Dirección: ....
Teléfono de contacto: ....
Estado Civil: Soltero

FORMACIÓN ACADÉMICA

– (Carrera de) Económicas: 4 años en la Universidad de Castellón y 1 año (último) en la Universidad Complutense de Madrid.

EXPERIENCIA LABORAL

– Trabajo en el Banco Bilbao-Vizcaya. Contrato temporal (3 meses de verano).

AFICIONES

– Leer novelas de misterio y ver películas.

3 *Suggested questions:*
¿Dónde vives? *or* ¿Cuál es tu dirección? ¿En qué periódico has visto el anuncio? ¿Dónde has estudiado? *or* ¿En qué universidad has estudiado? ¿Qué has estudiado? ¿Cuánto tiempo has trabajado como voluntaria? ¿Cuáles eran tus responsabilidades? ¿Qué idiomas hablas? *or* ¿Qué idiomas has estudiado? ¿Dónde has estudiado esos idiomas? ¿Has trabajado en el extranjero? ¿Has viajado al extranjero? ¿Qué experiencia tienes con el público? ¿Qué te gusta hacer en tu tiempo libre? *or* ¿Qué aficiones tienes? ¿Qué deportes practicas?

4 **a** F **b** V **c** V **d** F **e** V **f** F **g** F

6 **a** la cabeza **b** la garganta **c** la frente **d** la espalda **e** el estómago

8 **a** **i** Olivia y Pablo estaban en la iglesia. (They were in the church.) **ii** Estaban casándose. (They were getting married.)

c **i** esposo **ii** mecánico **iii** taller **iv** flauta **v** enemiga

e *Suggested answer:*
Cuando era joven, Olivia vivía en Calpe con sus padres y sus hermanos. Tenía dos hermanas que se llamaban Tatiana y Tina y un hermano menor que se llamaba Julián. Estudiaba en el instituto del pueblo y trabajaba a tiempo parcial en una pizzería para pagar sus estudios. Los fines de semana iba al cine o a bailar con sus amigos.

9

	francés	inglesa	español	alemana	italiano
profesión	**ingeniero**	**asistente social**	**periodista**	**periodista**	**psicólogo**
puerta casa	**azul**	**verde**	**amarilla**	**blanca**	**azul**
aficiones	**jugaba al fútbol 3 veces por semana**	**era campeona de monopoli**	**trabajaba como voluntario**	**veía mucha televisión**	**iba al zoológico los fines de semana**
animales	**gato**	**dálmata**	**canario**	**canario**	**no**

10 **a** escuches a tu amiga/o y le ofrezcas la oportunidad de hacer cosas que le distraigan **b** no te involucres en su problema **c** no la escuches **d** recuerdes que la amistad también tiene un límite

11 **a** Answers to be ticked: **i**, **iii** and **v**.

b *Suggested answers*:
Carmina wants you to finish painting her kitchen, mow the grass every week, feed her cat, dog, goldfish and canary three times a day.

12 **a** *Suggested answers*:
i Si encuentro un paquete sospechoso en el aeropuerto, es esencial que informe a la policía. **ii** Si hay una inundación, es aconsejable que proteja a toda mi familia. **iii** Si soy testigo de un accidente grave, es importante que llame a la ambulancia urgentemente. **iv** Si estoy en un país extranjero y pierdo mi pasaporte, es aconsejable que consiga otro en la embajada.

¡Extra!

13

	Tipo de mensaje	Formal	Informal	Resumen
Mensaje uno	Contestador automático		**Tu** llamada, dej**a**, **tu** mensaje, **te** llamaremos	This is the answering machine of a detective agency
Mensaje dos	Casete de relajación		Relája**te**, **tu** voz, para **ti**, No abr**as**, no contest**es**, tien**es**, desconéct**a**lo, respir**a**, cuent**a**.	Meditation exercise tape with simple, informal instructions.
Mensaje tres	Centralita	Seleccion**e**, dese**a**, usted, puls**e**, pretend**e**, **su** línea, **le** hagamos, volver**se** loco, prefier**e**, cuelgu**e** **su** teléfono, ayudar**le**, pas**e**.		The switchboard gives the caller a list of options depending on what he wants to do.

14 **a** *Suggested answer*:
A few months ago, someone read an article called 'The blame game'. It was argued that there is a dangerous philosophy which tends to call any character weakness an illness instead of blaming ourselves for our mistakes.

b **i** argumentaba que **ii** afirmaba que **iii** debilidad de personalidad **iv** gulosa **v** el hecho de que **vi** esté en números rojos **vii** no tendría nada que ver con **viii** el autor tiene razón **ix** creo que **x** cuanto antes mejor **xi** por lo que a mí respecta

Ejercicios de gramática

1 **a** Quién **b** Cuántas **c** Cuál **d** Dónde **e** Por qué **f** Qué **g** Cómo

2 **a** deberías **b** tendría **c** encantaría **d** preferiríais **e** podríamos **f** gustaría **g** necesitarían

3 **a** terminé **b** visitaba **c** practicaba **d** era **e** iba **f** hice **g** casaron

4 **a** llegaron/estaba haciendo **b** estaba estudiando/molesté **c** llamó/estaba duchándome **d** estábamos durmiendo **e** estaba hablando **f** estaba trabajando **g** estaba viendo/llegamos

5 **a** ¿Quién ha ganado? **b** ¿Por qué has comprado más vino? **c** ¿Cuánto dinero has sacado del cajero automático? **d** ¿dónde habéis estado de vacaciones este año? **e** ¿Qué habéis estudiado en la universidad? **f** ¿Cómo ha hecho las natillas? **g** ¿Por qué no habéis llamado esta tarde?

6 **a** 7 **b** 5 **c** 1 **d** 2 **e** 6 **f** 3 **g** 4

7 **a** apruebe **b** trabaje **c** diga **d** frías **e** cuidemos **f** gane **g** tomemos.

Sopa de letras

a	p	r	o	b	a	r									f	r	e	i	r
	e					e	x	t	e	n	d	e	r					m	
	l					c												p	
	a			n		o												o	
	r	i	t	a	b	r												n	
				d		d	e	s	m	a	y	a	r	s	e			n	
				a		a			a				e		s			r	e
				r		r			r	r	a	d	n	i	r	b			s
									c				d		i				r
c	o	n	t	r	a	t	a	r	a				i		t				a
									r				r		r				z
													s		e				i
	r	a	t	n	e	s	e	r	p				e		v				l
	a												r	e	n	o	p		i
	v		r					r							o				u
	r		a					a		r	a	t	r	o	c				q
	e		v					s											n
	s		a					l											a
	e		l					u	d	i	s	f	r	u	t	a	r		r
	r	i	r	e	f	e	r	p											t

Más práctica 1

1 Han visitado la Plaza de Toros y han recorrido la ciudad antigua; han comido en el restaurante; han visto un espéctaculo de flamenco; han ido a un cóctel de despedida; han salido de Ronda.

2 a

Personas	Habitaciones	Noches	Pregunta
1	una: doble	4 noches	¿A qué hora es el desayuno?
5	una doble y otra con tres camas	1 noche	¿Es posible enviar e-mails desde aquí?

3 **a** on the Atlantic coast **b** heated pool **c** no **d** not really **e** not very good, they specialize in fish and seafood **f** excursions, shopping trips, visits to nearby islands

4 *Suggested answer*:
Hola, Cristina. Estoy en La Paz, las montañas son muy altas y no hay mucho aire. He visitado el mercado y he comprado unos ponchos muy bonitos; las mujeres llevan sus niños a la espalda y visten faldas de muchos colores. Mañana vamos en un autobús turístico a Machu Picchu, la famosa ciudad perdida de los incas. Un abrazo, María.

Más práctica 2

2 a **1** d **2** f **3** i **4** j **5** b **6** l **7** k **8** g **9** e **10** a **11** h **12** c

b *Suggested answers*:
1 No estudié mucho y he aprobado este examen por los pelos. **2** Estudiar en la universidad cuesta un riñón. **3** Estoy muy cansado y no doy pie con bola hoy. **4** Empezó a empinar el codo cuando se divorció. **5** Estoy hasta las narices de gente incompetente. **6** En los negocios con extraños tienes que tener mucho ojo. **7** Mi amiga Luisa tiene muchos problemas y últimamente, está de los nervios. **8** Desafortunadamente, ella y yo ya no somos uña y carne. **9** En situaciones difíciles, ella nunca da la cara. **10** Juan siempre ha puesto el hombro cuando sus amigos han tenido problemas. **11** Matilde siempre ha sido muy egoísta y nunca ha movido un dedo por nadie.

4 **a** Belén no pudo ir a la fiesta porque tuvo mucho trabajo con sus ensayos de lingüística y otras asignaturas. **b** Los invitados comieron muchos platos deliciosos típicos de Colombia y Méjico. **c** Leandro es un chico argentino muy guapo y simpático que Belén conoció en el bar de la universidad. **d** Julia estuvo bailando y charlando con Leandro toda la noche. **e** Belén cree que la situación es injusta porque a ella le gusta mucho Leandro.

5 *Suggested answers*:
Querido diario:
Hoy estoy muy feliz porque anoche fui a la fiesta en el piso de Susana y me encontré con Leandro. Comimos muchos platos típicos de Colombia y Méjico. También escuchamos música latinoamericana y ¡estuvimos bailando! ¡Qué bien! Al final de la noche, intercambiamos nuestros números de teléfono y quedamos para el sábado. ¡Genial!

6 b i F **ii** V **iii** F **iv** F **v** F **vi** F

Más práctica 3

1 a i Bill Clinton **ii** Elizabeth Taylor **iii** John McEnroe

2 *Suggested answers:*
Cuando era joven vivía en París. Era amigo de García Lorca. Llevaba una vida agitada. Salía en los periódicos y en las revistas por sus excentricidades. Estaba casado con Gala.
En su vejez, vivía solo. Estaba enfermo. Seguía siendo excéntrico. Ya no recibía a los periodistas. Echaba de menos a su mujer.

3 a In a far away country **b** Because it was said to be haunted **c** He wanted to get husbands for his twelve daughters
d (*suggested answer*) He went to see the witch in the forest to ask for her help in getting husbands for the princesses

4 a *Suggested answers:*
Antes: escribir cartas, cocinar con ingredientes básicos, ir a la estación a mirar el horario, buscar información en la biblioteca, ir al cine a menudo, cocinar en el horno, usar cabinas telefónicas, etc.
Ahora: usar teléfono móvil, buscar información en internet, cocinar en horno microondas, mirar DVDs en casa, escribir emails, etc.

4 b *Suggested answers:*
Antes era difícil contactar con los amigos pero ahora tenemos teléfonos móviles. Antes cocinaban con ingredientes básicos pero ahora usamos algunos ingredientes manipulados genéticamente. Antes buscaban la información en la biblioteca y ahora buscamos la información en internet. Antes, preparar la comida requería muchas horas pero ahora usamos hornos microondas y cocinar es más rápido. Antes veían las películas en el cine pero ahora vemos películas en DVD.

Más práctica 4

1

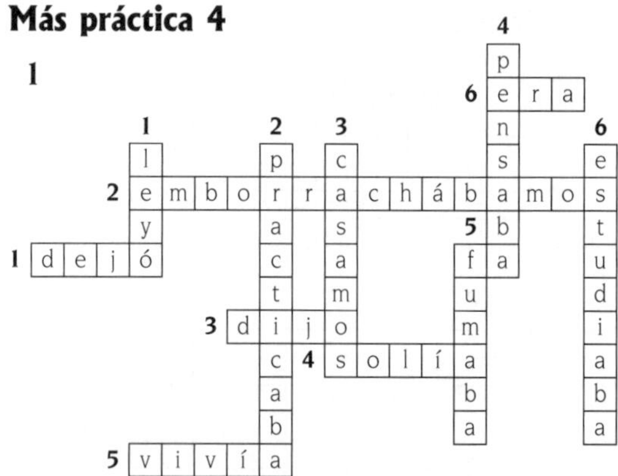

2 b i V **ii** V **iii** F **iv** F **v** V **vi** V **vii** V **viii** F **ix** F **x** V

3 Two friends meet on the street. One of them explains that he has been looking for the perfect female partner all his life. He never got married because he never found the ideal woman. Twice he has met someone who seems right but turns out to have other shortcomings. The third woman – the intelligent woman he dreams of – is also looking for an intelligent man and turns him down!

Más práctica 5

1 a 500 **b** 600 **c** 200 **d** 200 **e** 100 **f** 600 **g** 1 **h** 1 **i** 2'5 **j** 10 **k** 1 **l** 1 **m** 5 **n** 2'5 **ñ** 40 **o** 600 **p** 12 **q** 10 **r** 15

2 a A Sofía le gustaría encontrar/tener un novio. **b** Según Natalia, Sofía tiene que poner la imagen de San Antonio boca abajo, encender una vela y ponerla delante de la imagen y rezar una oración al santo. **c** La receta mágica es de Méjico. **d** Tiene que esperar dos semanas para ver resultados.

4 Ve a la cocina y abre el frigo(rífico). Coge la botella de leche y calienta un poco en un cazo. Junto al frigo(rífico) hay un armario azul. Ábrelo. En la segunda estantería hay una caja de cereales. Pon cereales en un tazón. Echa la leche. Añade azúcar y chocolate en polvo. Mézclalo pero ¡no lo mezcles mucho! No dejes la leche fuera del frigo(rífico) y, por favor, limpia la cocina. ¡Gracias!

Más práctica 6

1 **a** When she finishes her degree. **b** She has sent her CV to several organisations. **c** She wants to live there for a while. **d** They won't like the idea. **e** She will persuade them that it is a good idea and they will come to visit her.

3 Ayer Pablo se despertó lentamente y llegó a la biblioteca para estudiar con muy poco entusiasmo. Cuando sacó los papeles de la mochila, descubrió que necesitaba un diccionario y fue a la mesa de entradas para pedir uno. Después descubrió que los apuntes estaban en español, y se tranquilizó. Empezó a fumar y continuó durante todo el día. Almorzó en la cantina, y pasó media hora estudiando los temas que no entraban a examen. Pateó las mesas y las sillas, y los otros estudiantes se enfadaron y lo atacaron arrojándole volúmenes de latín e ingeniería. Su madre lo llamó por teléfono, y Pablo echó el móvil a la papelera. Finalmente abandonó la biblioteca a las siete de la tarde, y desesperado, se arrojó bajo las ruedas del autobús número 13.

Más práctica 7

1 **a** **1** b **2** d **3** e **4** a **5** c

b **1** A Andrés le gustaría hacer montañismo este fin de semana pero no puede porque debería estudiar para el examen de alemán. **2** A Andrés le encantaría ir a comprar ropa nueva pero no puede porque debería ahorrar para pagar el alquiler. **3** Andrés podría levantarse temprano todos los días pero preferiría acostarse tarde todas las noches. **4** A Andrés le gustaría ver la televisión todo el día pero necesitaría hacer más ejercicio físico. **5** A Andrés le gustaría tener una novia pero, entonces, tendría que limpiar su habitación todas las semanas.

2 **i** La primera persona sería una buena candidata para este trabajo. Yo la definiría como una persona innovadora e imaginativa. **ii** La segunda persona sería otra buena candidata para este trabajo. Yo la definiría como una persona sociable, extrovertida y con gran sentido del humor. **iii** La tercera persona también sería un buen candidato. Yo le definiría como una persona organizada, responsable, eficiente y muy directa. **iv** Por último, la cuarta persona podría ser un buen candidato para este trabajo. Yo le definiría como una persona seria, constante, segura y que sabe escuchar los problemas de otras personas.

3 **a** A fifteen per cent of married women claims that the ideal husband should not give underwear as a wedding anniversary present. **b** An eight per cent thinks that husbands should learn to live without their mothers.

Más práctica 8

1 **1** d **2** j **3** a **4** b **5** c **6** i **7** e **8** h **9** f **10** g

				C	l	a	v	e			
d	e	s	c	I	f	r	a	r			
				B	u	s	c	a	d	o	r
			r	E	d						
			p	R	o	g	r	a	m	a	
d	o	m	i	N	i	o					
				A	r	c	h	i	v	o	
			g	U	a	r	d	a	r		
		r	a	T	ó	n					
	p	i	r	A	t	a					

2 **a** **i** que se establezcan las diferencias entre las personas que usan internet legalmente y las personas que lo usan ilegalmente;

ii que existan conferencias de este tipo.

b i que existan conferencias de este tipo **ii** que esas personas utilicen internet ilegalmente **iii** que existan más sistemas de seguridad para los usuarios de internet

c i que se analice el impacto social de las actividades de los piratas informáticos **ii** que expongan sus principios éticos

d i que se demuestre que las actividades de los piratas son ilegales **ii** que existan más sistemas de seguridad

4 a They did a survey among users of the internet. **b** Addicted to internet category. **c** Hackers and the pathologically addicted to the Net. **d** An advantage could be a financial incentive or the satisfaction of expanding your intellect and a disadvantage, the fact that using the internet over a long period of time may turn the new medium into something boring. **e** A hacker would be classified as a 'pirata informático' **f** *Suggesed answer*: a student is probably in the second category (aficionado)

Más práctica 9

1 b *Suggested example*:
de: miembros del equipo de fútbol de la empresa
a: Conchita Pómez
Asunto: día de la amistad

Si el Departamento de Recursos Humanos estuviera realmente interesado en organizar un día para que todo el personal se divierta, no prepararía un programa que dedique toda la tarde a actividades individuales y no competitivas, que sólo sirven para que la gente se duerma. Esperamos que se tome en cuenta nuestra crítica y se cambie el programa. Saludos

2 Alina y Ricardo tienen una hija que quiere estudiar Ciencias Económicas en la Universidad de Barcelona. Ricardo está muy contento con respecto a la elección de carrera y espera que cuando empiece a estudiar, su hija haga un esfuerzo y mejore su actitud irresponsable. En cambio, Alina tiene miedo de lo que pueda pasarle a su hija lejos de casa por primera vez, sobre todo porque se sentirá triste y sola. El aspecto económico tampoco está libre de complicaciones: a Ricardo le gustaría mucho que su hija consiguiera un trabajo de verano en Madrid antes de ir a la universidad. Ricardo no quiere pagar por todo durante el tiempo que la chica esté en la universidad. Le darán una pequeña asignación mensual y nada más.

Más práctica 10

1 a She lived in Calpe in a big house with a garden but without a garage. **b** She lived with her parents and her sister, Toñi, and two brothers, Lucas and José. **c** She studied. **d** She studied English, German and Chinese at the School of Languages. **e** At the weekends, she used to go to the cinema, to the beach, to the disco or to any touristy place nearby. **f** She liked animals but she did not have any pets at home. **g** No pets at home. **h** Lucía was her best friend.

2 a lumbago **b** tortilla **c** María **d** terminó **e** deportes **f** estudiar **g** ¡Gracias!

3 a introduzca **b** seleccione **c** marque **d** pulse **e** pulse **f** elija **g** espere **h** coja **i** olvide **j** pase

4 Ainhoa Gómez; 28; from Elche, Southeast Spain; last year, studied I.T. in Alicante; wanted to travel to Latin America; bought ticket; job interview; offered a permanent position; accepted it; still like to travel to Latin America.

Raúl Vicente; studied Medicine in Valladolid; finished two years ago; looked for a job in a hospital or public health centre; attended several interviews; didn't have any previous experience; considered working as a waiter in restaurant; has worked at a hospital full time and saved some money.

5 *Suggested answer*:
Estimada familia Plaz:

Muchas gracias por su carta y por su interés en el puesto de bombero. Entendemos la difícil situación familiar en la que se encuentran y nos gustaría mucho poder ayudarles.

Lamentablemente, en esta ocasión, no estamos buscando una persona extrovertida sino una persona con capacidad de decisión. José Plaz debería escribir sus propias cartas en el futuro para demostrar que tiene iniciativa y que sabe tomar decisiones importantes por sí mismo. Además, si estuviera realmente interesado en el puesto, tendría que explicar porqué lo solicita y qué cualidades físicas ofrece.

Afortunadamente, también se necesita una persona para limpiar nuestras instalaciones. Si estuviera interesado, sería aconsejable que escribiera una carta y que adjuntara su currículum vitae.

6 *Suggested answers*:
a **i** Barcelona **ii** nublado **iii** encantadora **iv** Alison **v** Simón

v Simón **vi** ella **vii** maravilloso

vi ella **viii** agradable **ix** Sevilla **vi** ella

vi ella

ix Sevilla **vi** ella **xi** un gato furioso

7 *Suggested answer*:
En una vida anterior, conociste a Alison y te casaste con ella. Fuisteis muy felices juntos. Sin embargo, en esta vida, te has reencarnado en un gato siamés. Te llamas Josh y vives en Barcelona con tu dueña, Lucía. Lucía trabaja a tiempo completo en el departamento de reclamaciones de unos grandes almacenes. Durante ocho horas al día, miles de clientes furiosos le gritan y le exigen que solucione sus problemas. Por eso, cuando llega a casa después del trabajo, siempre está exhausta y muy nerviosa. En ese momento, lo que menos le gusta ver es a su gato perezoso arañando la almohada de su cama. Por eso, cuando estás durmiendo abrazado a su almohada, te tira su zapato de tacón con fuerza y te deja sin comer todo el día.

APÉNDICES

Unidad 2. ¿Qué te pasa? Sección 5. Test: ¿Eres adict@ al móvil? Resultados.

Tabla de puntuación

1a **10** 2a **10** 3a **10** 4a **10** 5a **10** 6a **10**
1b **−10** 2b **−10** 3b **−10** 4b **−10** 5b **−10**
6b **−10**

Resultados

Si tienes de 0 a 60 puntos:
¡Enhorabuena! Eres adict@ a tu móvil. Te encanta enviar más de 60 mensajes de texto al día y tienes el récord de pulsaciones de móvil por minuto. Además, tus mejores amig@s ya no se llaman Pedro y Ana sino Cibernena, Leia y Eusebio14. Es evidente que sufres todos los síntomas del llamado "tecnoestrés". No te gusta vivir sin estar siempre en "contacto" con otros y crees que tu móvil es la manera ideal de estar sol@ sin estar a solas.

Si tienes de 0 a -60 puntos:
¡Enhorabuena! Tus respuestas demuestran que eres una persona bastante sociable. A tus amigos les gusta hablar contigo porque tú sabes escucharles. Además, cuando te cuentan un secreto sabes guardarlo.
A ti también te gustan las nuevas tecnologías y por eso te has gastado media paga extra en tu móvil pero nunca lo llevas contigo. ¡Eres la primera persona que tiene un móvil fijo!

Unidad 2. Vocabulario (continuación). 9

asombrado/a	astonished
atrapado/a	trapped
basura (f)	litter
búsqueda (f)	search
cohete (m) espacial	spacecraft
costa (f)	coast
desaparecido/a	missing
discutir	to have an argument
dueño/a	owner
estrellarse	to crash
ex-novia (f)	ex-girlfriend
finalizar	to end
hogar (m)	home
impacto (m) de bala	gunshot
llegar	to reach
naufragar	to sink
madrugada (f)	dawn
perder	to lose
pesquero/a	fishing
superviviente (m)	survivor
tareas (f pl) de rescate	rescue
testigo (m/f)	witness
vecino (m)	neighbour
vida (f)	life
víctima (f) mortal	casualty

Unidad 4. ¡Qué tiempos aquellos! Sección 6. Un misterio sin resolver. c.

Read the following information and answer your partners' questions as follows:
Sí (if you know the answer and it is a positive one), **No** (if you know the answer and it is a negative one), **No lo sé** (if you do not know the answer simply because it is not given below). You can only give an answer to a yes-or-no question.

For example: question: **"¿Vivía la marquesa en una mansión?"** Answer: **"Sí."**
¡ojo! question: **"¿Dónde vivía la marquesa?"** Answer: **"No lo sé."**

WARNING!!!
The information you are about to read may spoil the fun of this reading exercise. If you are not the police informer, p-l-e-a-s-e, stop reading now.

El hombre de blanco (the man in white): Patient of the psychiatric hospital. Escaped that night. He didn't know whose mansion that was. He was very hungry. Broke into the mansion merely looking for food. He ate hazelnut and walnut cake. He didn't kill the

marchioness. And he didn't commit suicide.
Marquesa Tipitesa (the marchioness): She went down to the kitchen. She found the man in white. She was shocked. Although it sounded like **'¡Feliz año nuevo!'**, she was trying to say something different. She didn't kill the man in white. She didn't commit suicide. She only ate hazelnut and walnut cake during the party. She had a heart condition.
Sebastián, el mayordomo (the butler): When the marchioness screamed, he thought she was having a nightmare. He wasn't aware of what was going on in the kitchen that night. He didn't kill the marchioness or the man in white. He tried to give the marchioness her tablets.

Unidad 5. ¡Si es urgente, pide cita! Vocabulario (continuación).

espejo (m)	mirror
examen (m)	test
explicar	to explain
ganar	to win
hoja (f)	leaf
matrimonio (m)	marriage
mente (f)	mind
paraguas (m)	umbrella
pasar debajo	to walk under
sobrevivir	to survive
suerte (f)	luck
suspender	to fail
tener miedo	to be afraid of
trébol (m)	clover

Ejercicios de gramática

aprobar	to pass
conducir	to drive
contar	to count
fumar	to smoke
pantalla (f)	screen
profundamente	deeply
resaca (f)	hangover
respirar	to breathe
señal (f)	beep

Unidad 9. Si cuidáramos nuestro mundo... Vocabulario (continuación).

10

alcalde (m)	mayor
anciano (m)	old person
apoyar	to support
asunto (m)	issue
atravesar	to cross
mientras tanto	meanwhile
mitad (f)	half, middle
negarse	to refuse
oyente (m)	listener
podrido/a	rotten
peligro (m)	danger
preocupado/a	worried
prestar declaración	to make a statement
ruido (m)	noise
sospecha (f)	suspicion

Unidad 10. Punto y final. Revisión. Más práctica. Sección 6. Una historia de amor.

En una vida anterior, vivías en **i**_______ . Recuerdas perfectamente que un día **ii**_______ de otoño, conociste a la persona más **iii**_______ que habías visto en toda tu vida. Se llamaba **iv**_______ , y su presencia te hacía enloquecer. Aquel día estabas en un bar con tu compañero de piso que se llamaba **v**_______ .
–"**v**_______, **vi**_______ tiene el cuerpo más **vii**_______ que he visto jamás" – dijiste tú.
De pronto, **vi**_______ te miró, se levantó de la silla y caminó muy despacio hacia donde estabas tú. No podías apartar la mirada de aquellos ojos sensuales y cautivadores.
–"Hola. Quería decirte que creo que eres muy **viii**_______ . ¿Te gustaría ir a **ix**_______ conmigo para **x**_______ ?" –preguntó **vi**_______.
Sin pensarlo dos veces, le dijiste que te encantaría viajar hasta el fin del mundo con **vi**_______ .
Finalmente, llegasteis a **ix**_______ . Todavía no habíais llegado al hotel, cuando **vi**_______ te abrazó fuertemente. Estabas besando apasionadamente a ese ser encantador, cuando **xi**_______ te golpeó la cabeza. Abriste los ojos y viste que estabas besando la almohada. Buscaste desesperadamente a tu objeto de deseo pero había desaparecido. ¿Había sido todo un sueño o una pesadilla?

Unit	Topics/functions	Grammar
1 De regreso	Information about self and others; asking questions Giving and understanding information about holiday and things you did recently	• Present tense: recap • Perfect tense: recap • Question words • Reflexive verbs • **ser/estar**
2 ¿Qué te pasa?	Expressing reactions Likes and dislikes Giving and understanding information about your state of health	• The preterite • Contrasting the preterite with the perfect • Object pronouns • **gustar/encantar**
3 Recuerdos del pasado	Describing situations in the past Contrasting situations in the past with present situations	• Imperfect • Past continuous • Demonstrative adjectives • Adverbs of time • **aquel/aquellos** • **solía** + infinitive
4 ¡Qué tiempos aquellos!	Recounting a series of events Giving an account of what other people said	• Contrast between the preterite and the imperfect • Reported speech • Prepositional verbs • **Pensar que** • **Empezar a/dejar de**
5 ¡Si es urgente, pide cita!	Giving and understanding instructions Expressing 'real' conditions	• The imperative (all forms) • 'If' clauses with the present and the future tenses
6 Quiero que me digas la verdad	How to express doubts, uncertainties and wishes Expressing suppositions	• The present subjunctive • Indirect objects/pronouns
7 Me gustaría trabajar aquí	How to express what you would like to do How to refer to the more distant past Applying for a job, describing characteristics	• The conditional • The pluperfect

Unit	Topics/functions	Grammar
8 Me alegro de que hayas venido	Expressing emotions, reacting to events Expressing opinions and describing consequences Writing/speaking in more complex sentences	• Perfect subjunctive • Expressions of emotion • Giving reasons • Conjunctions
9 Si cuidáramos nuestro mundo...	Stating conditions for the fulfilment of an action Hypotheses and remote possibilities	• Imperfect subjunctive • Subjunctive in adverbial clauses • Avoiding the passive
10 Punto y final (revisión)	Revision material	Revision of structures covered in the course

ÍNDICE